westermann

Fit fürs Gymnasium

10-Minuten-Trainer

Textaufgaben/ Sachaufgaben

Übertritt

4→5

Fit fürs Gymnasium

10-Minuten-Trainer

Textaufgaben/Sachaufgaben

Autorin:
Tanja Blumberg ist Grundschullehrerin und arbeitet als Autorin für Lernhilfen.

Druck A³ / Jahr 2025
Alle Drucke der Serie A sind im Unterricht parallel verwendbar.

Redaktion: Ulrike Klein, Berlin
Kontakt: lernhilfen@westermanngruppe.de
Illustrationen: Hans-Jürgen Feldhaus, Münster; Thies Schwarz, Hannover
Grafiken: Langner & Partner
Umschlaggestaltung und Layout: Janssen Kahlert Design & Kommunikation GmbH, Hannover
Umschlagfoto: iStockphoto.com, Calgary: SolStock
Druck und Bindung: Westermann Druck GmbH, Georg-Westermann-Allee 66, 38104 Braunschweig

ISBN 978-3-7426-**0295**-4

Vorwort

Liebe Schülerin, lieber Schüler,

du stehst kurz vor dem Übertritt von der 4. in die 5. Klasse und willst dich schnell noch einmal fit fürs Gymnasium machen? Dann ist der **10-Minuten-Trainer** genau das Richtige für dich! Mit diesem Arbeitsheft kannst du alle wichtigen Inhalte des Lernbereichs **Textaufgaben** wiederholen und üben.

Zu jedem Thema gibt es eine **Doppelseite**, die du in 10 Minuten bearbeiten kannst. So wird der Stoff in übersichtliche Einheiten gegliedert, die dir das Lernen erleichtern.

Anschaulich erklärte **Regeln** und **Tipps** helfen dir bei der Bearbeitung der Aufgaben.

Natürlich gibt es in diesem Heft auch einen **Lösungsteil**, mit dessen Hilfe du überprüfen kannst, ob du die Übungsaufgaben richtig bearbeitet hast. Du findest ihn ab Seite 56.
Übrigens: Für jede gelöste Doppelseite darfst du dich mit einem **Erfolgssticker** belohnen. Klebe ihn einfach in das dafür vorgesehene Feld.

Wenn du im Fach Mathematik noch mehr üben möchtest, sieh dir doch auch den Band *Fit fürs Gymnasium* ***Intensiv-Trainer Übertritt 4→5 Mathematik*** (ISBN 978-3-07-241009-0) an. Dieses Arbeitsbuch bietet zahlreiche Übungen und Tests zu den wichtigsten Lernbereichen des gesamten Matheunterrichts der Grundschule.

Und damit deine Eltern dich auf deinem Weg ins Gymnasium noch besser unterstützen können, haben wir im Internet unter **www.westermann.de/uebertritt-gymnasium** hilfreiche Tipps und praktische Checklisten für sie zusammengestellt.

Viel Erfolg beim Üben mit dem **10-Minuten-Trainer**!

Das Lernhilfen-Team

Inhaltsverzeichnis

Rechnen mit Größen

Sachaufgaben lösen

Lösungshilfen für Sachaufgaben

Tabellen und Diagramme

Kombinatorik und Wahrscheinlichkeit

Komplexe Sachaufgaben

Rechnen mit Größen

Rechnen mit Geld

Die Einheiten unseres Geldes sind **Euro (€)** und **Cent (ct)**. Es gilt:

1 € = 100 ct

Außerdem solltest du wissen, welche Scheine und Münzen es gibt. Zum Rechnen ist es sinnvoll, alle Angaben in die gleiche Einheit umzuwandeln.

Beispiel: 2,50 € + 30 ct – 1 € 50 ct = 250 ct + 30 ct – 150 ct
= 130 ct = 1 € 30 ct = 1,30 €

Bei Geldbeträgen wird oft mit **Kommazahlen** gerechnet. Schreibe dann immer Komma unter Komma.

Beispiel:

```
  3,10 €
+ 1,25 €
--------
  4,35 €
```

1 **Färbe gleiche Geldbeträge mit der gleichen Farbe.**

25 €	2,95 €	30 ct	0,25 €
250 ct	0,30 €	95 ct	0,29 €
0,09 €	29 ct	9 ct	295 ct
2500 ct	25 ct	2,50 ct	0 € 3 ct
0 € 30 ct	2950 ct	2 € 95 ct	0 € 9 ct

2 **Wie viel Cent sind das?**

6 € = ... 34 € = ...

1000 € = ... 123 € = ...

3 **Wie viel Euro sind das?**

100 ct = ... 230 000 ct = ...

4 ct = ... 26 500 ct = ...

4 **Wandle die Angaben in €-Beträge um, wenn nötig als Kommazahl. Schreibe untereinander und addiere.**

TIPP Achte auf die korrekte Kommaschreibweise!

a) 4 € 3 ct + 257 ct + 60 ct b) 20 037 ct + 9 ct + 333 ct

	4	,	0	3	€
+	2	,	5	7	€
+	0	,	6	0	€

c) 99 ct + 30 € 25 ct + 75 ct d) 0 € 5 ct + 67 € 0 ct + 55 ct + 488 ct

Hier kannst du deinen Erfolgssticker platzieren.

Rechnen mit Längen

Längen misst man in verschiedenen Maßeinheiten.

Sehr große Längen werden in **Kilometer (km)**, große Längen in **Meter (m)**, kleine in **Dezimeter (dm)** oder **Zentimeter (cm)** und ganz kleine in **Millimeter (mm)** gemessen. Es gilt:

1 km = 1 000 m , 1 m = 10 dm, 1 dm = 10 cm, 1 cm = 10 mm

Zum Rechnen ist es oft sinnvoll, alle Angaben in die gleiche Einheit umzuwandeln.

Beispiel:
60 cm – 2,4 cm + 20 mm = 600 mm – 24 mm + 20 mm = 596 mm

1 Sortiere die Längen nach der Größe. Beginne mit der kleinsten Einheit.

2,4 km	24 dm	4,7m	47 cm
240 mm	74 dm	1,5 mm	15 cm
51 m	5,1 km	15 km	7,3 m
17 m	42 m	4,2 km	15 mm

....

....

....

2 **Wandle sinnvoll um. Schreibe (wenn nötig mit Komma) untereinander und rechne.**

TIPP Denke daran: Punktrechnung vor Strichrechnung!

20 500 cm + 0,04 km + 46 m =

5 005 m + 70 km – 10 · 0,1 km =

4,16 m – 22 cm + 457 mm =

8,2 dm + 20 000 km – 26 cm =

3 **Bundesjungendspiele: Tom wirft 2000 cm. Lotta wirft 5 m weiter als Tom. Lisa wirft halb so weit wie Lotta. Felix Wurf ist 100 dm weiter als Lisas. Wie weit haben die Kinder geworfen?**

Tom: ....

Lisa: ....

Lotta: ....

Felix: ....

Hier kannst du deinen Erfolgssticker platzieren.

Rechnen mit Gewichten

Gewichte misst man in verschiedenen Maßeinheiten.

Kleine Gewichte werden in **Gramm (g)**, mittlere Gewichte in **Kilogramm (kg)** und große Gewichte in **Tonnen (t)** gemessen. Es gilt:

1 000 g = 1 kg, 1 000 kg = 1 t

Zum Rechnen ist es oft sinnvoll, alle Angaben in die gleiche Einheit umzuwandeln.

Beispiel:
0,3 kg + 60 g = 300 g + 60 g = 360 g

1 **Welcher Gegenstand hat welches Gewicht? Verbinde**

0,4 kg

60 g

1 g

4 000 g

800 g

5 g

2 **Färbe gleiche Größen mit der gleichen Farbe.**

0,04 kg 400 g 8,5 kg 0,085 t 0,04 t

2,6 t 85 kg 8 500 g 260 kg 2 600 kg

40 kg 4 kg 0,4 kg 26 000 g 40 000 g

26 kg 850 000 g 85 000 g 260 000 g

3 **Wandle in eine sinnvolle Einheit um und rechne.**

80 g + 0,2 kg + 450 g =

0,5 t – 100 kg + 3 · 20 kg =

0,2 t + 80 888 g – 42 kg =

1,452 kg + 0,005 t – 455 g =

4 **Ein Schlagball wiegt etwa 16-mal soviel wie ein Federball. Wie schwer sind 4 Schlagbälle?**

TIPP
Schau in Aufgabe 1 nach dem Gewicht des Federballs!

Hier kannst du deinen Erfolgssticker platzieren.

Rechnen mit Hohlmaßen

Hohlmaße sind Maße für Volumen, vor allem von Flüssigkeiten. Die bekannteste Einheit ist der Liter, es gibt aber noch andere Maßeinheiten.

Kleine Mengen werden in **Milliliter (ml)**, größere in **Litern (l)** gemessen. Für ganz große Mengen gibt es die Einheit **Hektoliter (hl)**.

Außerdem gibt es noch die Einheiten **Deziliter (dl)** und **Zentiliter (cl)**, die eher selten benutzt werden. Es gilt

1 l = 1 000 ml
1 hl = 100 l
1 l = 10 dl = 100 cl

Hohlmaße werden oft in Brüchen angegeben, zum Beispiel

500 ml = 0,5 l = $\frac{1}{2}$ l (gesprochen „halber Liter")
250 ml = 0,25 l = $\frac{1}{4}$ l (gesprochen „viertel Liter")
750 ml = 0,75 l = $\frac{3}{4}$ l (gesprochen „dreiviertel Liter")
1 500 ml = 1,5 l = 1 $\frac{1}{2}$ l (gesprochen „ein einhalb Liter")

1 Wandle in Milliliter um.

0,5 l = ... 0,25 l = ... 4 l = ...

$\frac{3}{4}$ l = ... 0,09 l = ... 2 $\frac{1}{2}$ l = ...

2 Wandle in Liter um.

400 ml = ... 50 ml = ... 4 l 7 ml = ...

250 ml = ... 750 ml = ... 2 500 ml = ...

3 **Färbe gleiche Größen mit der gleichen Farbe.**

750 ml $\frac{1}{2}$ l $\frac{1}{4}$ l $\frac{3}{4}$ l 50 cl 5 l

500 ml 500 cl 75 cl 7,5 dl 5 000 ml 7,5 hl

75 l 750 l 750 dl 250 cl

$2\frac{1}{2}$ l 80 hl 8 000 dl 8 000 l 8 000 000 ml

4 **Wieviel Flüssigkeit passt in die Behälter? Verbinde passend.**

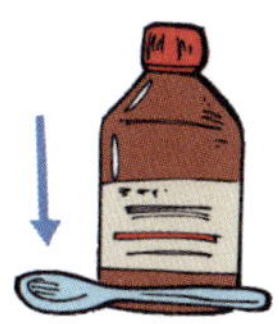

- 1 l
- 180 l
- 10 l
- 200 ml
- 45 hl
- 8 ml

5 **Wie viele Becher kannst du füllen? Male die Flüssigkeit in die Becher.**

Hier kannst du deinen Erfolgssticker platzieren.

Rechnen mit der Zeit

Für die Zeit gibt es viele verschiedene Maßeinheiten.
Die Umrechnung ist nicht ganz so einfach, weil sie nicht mit dem Faktor 10 erfolgt.

Es gilt:
1 Minute (min) = 60 Sekunden (s)
1 Stunde (h) = 60 Minuten (min)
1 Tag (d) = 24 Stunden (h)
1 Woche = 7 Tage
1 Monat = 30 oder 31 Tage
1 Jahr = 12 Monate = 365 (366) Tage, ungefähr 52 Wochen

Der Februar hat 28 Tage. In einem Schaltjahr mit insgesamt 366 Tagen hat er 29 Tage.

1 **Schreibe die Monate in ihrer Reihenfolge im Jahreslauf auf. Notiere jeweils, wie viele Tage die Monate haben.**

Monat	Tage	Monat	Tage

2 **Welche Zeitspannen sind gleich? Male in der gleichen Farbe an.**

21 Tage	15 min	480 h	20 Tage	365 Tage
900 s	12 Monate	52 Wochen	48 h	4 Tage
2 Tage	2 880 s	96 h	504 h	8 760 h

3 **Wieviele Minuten sind es?**

$\frac{3}{4}$ h = ... $2\frac{1}{2}$ h = ...

$\frac{1}{4}$ h = ... $5\frac{1}{4}$ h = ...

$1\frac{3}{4}$ h = ... $\frac{1}{2}$ h = ...

4 **Wie viele Sekunden sind es**

$2\frac{1}{2}$ min = ... $\frac{1}{4}$ h = ... 5 min = ...

1 h = ... $5\frac{3}{4}$ min = ... 15 min = ...

5 **Wie viele Stunden sind es? Schreibe mit Brüchen, wenn nötig.**

90 min = ... $1\frac{1}{2}$ Tage = ... 180 min = ...

3 600 s = ... 1 Woche = ... 2 400 min = ...

Brüche bedeutet $\frac{1}{2}$, $\frac{1}{3}$, $\frac{3}{4}$.

Zeitspannen und Zeitpunkte lassen sich oft gut mit einem Pfeilbild darstellen. Siehe hierzu das Kapitel 3.2.

Hier kannst du deinen Erfolgssticker platzieren.

Wichtige Daten erkennen

Sachaufgaben kannst du leichter lösen, wenn du in mehreren Schritten vorgehst. Im ersten Schritt sammelst du Informationen.

- Finde heraus, was du schon weißt. Die nötigen Informationen findest du im **Text**, in **Bildern**, in **Tabellen** oder **Diagrammen**. Lies und schau genau.
- Markiere alle **Angaben**, die du zum Rechnen gebrauchen könntest. Zum Beispiel: wie viel von etwas, wie oft, wie groß, wie lange, wie schwer, wie teuer, usw.

1 Kannst du die Informationen aus dem Text entnehmen? Kreuze an.

Bauer Meier hat 120 Milchkühe, 2 Ochsen und einen Stier. Eine Milchkuh gibt etwa 40 Liter Milch am Tag. Die Hälfte der Milch verkauft er an die Molkerei. Den Rest verarbeitet er auf seinem Hof selbst zu Käse.

Die Ochsen von Bauer Meier sind friedlich ☐

Der Bauer verkauft Milch an die Molkerei ☐

Die Füße von Bauer Meier riechen nach Käse ☐

Bauer Meier hat 123 Rinder ☐

Die Hälfte der Milch verarbeitet Bauer Meier zu Käse ☐

2 Welches Bild passt zu welcher Information? Verbinde.

Eine Flasche Milch kostet 1,10 €.

Auf dem Bauernhof gibt es 7 neugeborene Ferkel.

An der Südseite des Bauernhauses gibt es 12 Fenster.

Lotta kauft 4 Packungen mit je 10 Eiern.

3 Überprüfe die Aussagen anhand der Tabelle und kreuze an

TIPP Informationen zum Arbeiten mit Tabellen findest du auf S. 32.

Vögel in unserem Zoo:

Anzahl	Raubvögel	Singvögel	Papageien	gesamt
männlich	8	27	21	56
weiblich	9	16	13	38
gesamt	17	43	34	94

	richtig	falsch	nicht zu beantworten
Im Zoo gibt es mehr weibliche als männliche Vögel.	☐	☐	☐
Die meisten Vögel sind Singvögel.	☐	☐	☐
Singvögel sind kleiner als Raubvögel.	☐	☐	☐
Papageien können sprechen.	☐	☐	☐
Die meisten Vögel im Zoo sind männlich.	☐	☐	☐

Hier kannst du deinen Erfolgssticker platzieren.

Passende Fragen finden

Nicht in allen Sachaufgaben ist die Frage vorgegeben.

Wenn die **Frage nicht vorgegeben** ist, musst du sie selbst formulieren. Die Frage „Was will ich wissen?“ hilft dir dabei. Manchmal gibt es mehrere sinnvolle Fragen.

Wenn die **Frage schon vorgegeben** ist, so lies sie mehrmals gründlich durch. Überlege genau, welche Informationen gesucht werden. Die Angaben, die du hierzu in der Aufgabe findest, kannst du unterstreichen oder in Stichpunkten notieren.

1 Verbinde mit der passenden Frage.

Ein Milchwagen kann 1 500 Milchflaschen zu je einem Liter laden.

Wie viele Kühe behält Bauer Groß?

Bauer Groß hat 320 Kühe. 25 Kühe möchte er verkaufen.

Wieviel Euro muss Florian bezahlen?

Eine Kuh gibt 45 Liter Milch am Tag.

Wie viele Kühe müssen gemolken werden, bis der Milchwagen voll ist, wenn eine Kuh 45 Liter Milch pro Tag gibt?

Wie viele Liter Milch gibt eine Kuh pro Monat, also an 30 Tagen?

2 **Welche Fragen kann man mit den Informationen im Text beantworten? Kreuze an.**

Bäuerin Hannah fährt zum Markt in die 5 km entfernte Stadt.
Sie möchte 20 Küken, 280 Eier und 25 Pakete hausgemachte Eiernudeln verkaufen.
Nach Marktschluss hat sie noch 12 Küken und 40 Eier übrig.

- Wie viele Eier hat sie verkauft? ☐
- Wie viel Geld hat sie eingenommen? ☐
- Welche Ware verkaufte sich am besten? ☐
- Wann war der Markt zu Ende? ☐
- Wie viele Kilometer ist sie insgesamt gefahren? ☐
- Wie groß waren die Küken? ☐
- Wie viele Küken hat sie verkauft? ☐
- Wie viele Eiernudeln hat sie verkauft? ☐

3 **Finde zu jeder Information eine passende Frage.**

a) Frau Meier kauft 14 Eier. Ein Ei kostet 26 Cent.

Frage: ....

b) Lotta möchte gerne Reiten lernen. Sie hat 120 € gespart. Eine Gruppenreitstunde kostet 16 €.

Frage: ....

c) Von den 270 Schafen der Herde sind 170 weiblich.

Frage: ....

d) Die Theateraufführung wurde von 148 Personen besucht. Eine Karte kostet 16 €.

Frage: ....

Hier kannst du deinen Erfolgssticker platzieren.

Sachaufgaben lösen

Passende Rechnungen finden

Wenn die Frage feststeht, musst du überlegen, wie du die gefragten Angaben berechnen kannst.

Schau genau, welche **Angaben** du schon hast, die zu deiner Frage passen. Markiere oder notiere sie übersichtlich.

Überlege, ob du eine oder mehrere **Rechnungen** benötigst.

Musst du **addieren** (+), **subtrahieren** (–), **multiplizieren** (·) oder **dividieren** (:)?

Notiere die Rechenschritte in Kurzform. Führe die Rechnungen in der festgelegten Reihenfolge durch.

1 **Welche Rechnung passt? Verbinde.**

- 500 kg : 35 kg =
- 12 · 25 € =
- 350 kg + ... = 500 kg
- 25 € – 12 =
- 12 : 2,50 € =
- 250 € + 50 € =
- 250 € : 12 =
- 12 · 2,50 € =
- 500 kg · 14 =
- 500 kg : 14 =

2 Finde passende Rechnungen zu den Fragen.

Klassenfahrt der Klasse 4d. Die 23 Kinder der 4d fahren für 3 Tage ins Schullandheim. Dort werden sie in 4er Zimmern übernachten. Die Busfahrt kostet 12,50 € pro Person. Eine Übernachtung mit Verpflegung kostet jeweils 32 €. Hinzu kommt der Eintritt in den Naturpark, für den die Lehrerin insgesamt 54 Euro für die Kinder und die 2 Erwachsenen bezahlt. Der Eintritt für Erwachsene beträgt 4 €.

a) Wie viele € muss jedes Kind für Übernachtung und Verpflegung bezahlen?

TIPP Markiere passende Informationen im Text farbig! Nimm ein extra Blatt zum Rechnen, wenn der Platz hier nicht reicht.

b) Wie viele Zimmer des Schullandheims belegt die Klasse 4d?

c) Wie viele € bezahlt die Lehrerin dem Busunternehmen insgesamt?

d) Was kostet der Eintritt in den Naturpark pro Kind?

e) Wie viele € muss jedes Kind insgesamt bezahlen?

3 Zu welcher Frage passt die Rechnung „5,70 € + 3,25 € + 14,90 € =“ ?

- Wie viele Käsestücke sind übrig?
- Wie teuer ist die Produktion von Käse?
- Wie lange ist der Käsestand geöffnet?
- Wie teuer ist der Käse?

Hier kannst du deinen Erfolgssticker platzieren.

Sachaufgaben lösen

Passende Antworten finden

Nach der Rechnung musst du dann noch eine **Antwort** formulieren.

Überlege genau, was das **Ergebnis** deiner Rechnung bedeutet.

Lies dir die Frage noch einmal durch.

Formuliere eine Antwort auf die Frage. Verwende dazu möglichst viele Wörter aus der Frage.

1 **Was gehört zusammen? Färbe in der gleichen Farbe.**

Wie lang ist die Fahrrad-tour?

Die Tour ist insgesamt 42 km lang.

Was haben die 3 Fahrräder gekostet?

Familie Blum ist um 19:30 Uhr zuhause angekommen.

Die Familie hat 35,5 kg Gepäck dabei.

Wann ist Familie Blum zuhause angekommen?

Wie viel Gepäck hat die Familie dabei?

Die 3 Fahr-räder haben zusammen 1460 € gekostet.

2 **Blättere zurück auf S. 21. Schau dir die Rechnungen dort an und beantworte nun die Fragen.**

a) Wie viele € muss jedes Kind für Übernachtung und Verpflegung bezahlen?

....

b) Wie viele Zimmer des Schullandheims belegt die Klasse 4d?

....

c) Wie viele € bezahlt die Lehrerin dem Busunternehmen?

....

d) Was kostet der Eintritt in den Naturpark pro Kind?

....

e) Wie viele € muss jedes Kind insgesamt bezahlen?

....

3 **Welche Antworten passen zu Frage und Rechnung? Welche nicht? Begründe mündlich.**

Eine Schafherde hat 270 Schafe. 90 Schafe wurden schon geschoren. Ein Schaf gibt ungefähr 3 kg Wolle.

Frage: Wie viel Wolle hat der Schäfer ungefähr, wenn alle Schafe geschoren sind?

$270 \cdot 3\text{ kg} = 200 \cdot 3\text{ kg} + 70 \cdot 3\text{ kg} = 600\text{ kg} + 210\text{ kg} = 810\text{ kg}.$

Antworten:

- Der Schäfer hat schon 270 kg Wolle. ☐
- Der Schäfer hat 270 Schafe. ☐
- Wenn alle Schafe geschoren sind, hat der Schäfer etwa 810 kg Wolle. ☐
- 210 Schafe müssen noch geschoren werden. ☐

Hier kannst du deinen Erfolgssticker platzieren.

Sachaufgaben lösen

Einfache Sachaufgaben lösen

In diesem Kapitel haben wir die 4 Schritte besprochen, mit denen Sachaufgaben gelöst werden.

1. Wichtige **Daten** erkennen (S. 16/17).
2. Eine passende **Frage** finden (S. 18/19).
3. Eine oder mehrere passende **Rechnungen** finden und durchführen (S. 20/21).
4. Eine passende **Antwort** formulieren (S. 22/23).

1 Löse die Aufgabe in 4 Schritten.

Familie Groß kauft für ein gemütliches Urlaubsfrühstück ein. Sie brauchen 2 Liter Milch, 3 Gläser Marmelade, 500 g Butter, 150 g Wurst und 12 Brötchen.

Preisliste:	
Brot, 1000 g	4 €
Brötchen	35 ct
1 l Milch	1,30 €
250 g Butter	1,69 €
100 g Käse	1,25 €
100 g Wurst	1,80 €
1 Glas Marmelade	2,50 €

1. Schritt: Unterstreiche wichtige Angaben und mache dir Notizen.
2. Schritt: Was möchtest du wissen? Formuliere eine Frage.
3. Schritt: Notiere die Reihenfolge der Rechenschritte.
4. Schritt: Was hast du ausgerechnet? Formuliere die Antwort.

Nimm dir ein extra Blatt für die Lösung.

2 **Ordne die Fragen, Rechnungen und Antworten einander zu. Rechne und ergänze die Antworten. Es bleiben Rechnungen übrig.**

Florian und Felix kommen mit ihren Eltern und ihrer zweijährigen Schwester Lotta am Samstag um 13:00 Uhr am Urlaubsort an. Die Eltern Buck treffen mit ihrem zwölfjährigen Sohn Ole 2 Stunden später ein. Zur Stärkung kaufen sie für 16 € Kuchen für alle. Jeder bekommt zwei Stücke. Dazu trinken sie Saftschorle. Um 21:00 Uhr gehen die Großen schlafen. Lotta schläft da schon seit 2 Stunden.

<table>
<tr><th>Fragen</th><th>Rechnungen</th><th>Antworten</th></tr>
<tr><td>Was kostet ein Stück Kuchen?</td><td>12 + 2 =</td><td>Lotta ist um .... eingeschlafen.</td></tr>
<tr><td rowspan="2">Wie viele Kuchenstücke wurden gekauft?</td><td>12 − 2 =</td><td rowspan="2">Familie Buck kommt um .... an.</td></tr>
<tr><td>13:00 $\xrightarrow{+2\text{ h}}$</td></tr>
<tr><td>Wann ist Lotta eingeschlafen?</td><td>5 · 2 + 3 · 2 =</td><td>Ein Stück Kuchen kostet ....</td></tr>
<tr><td rowspan="2">Wann kommt Familie Buck an?</td><td>15:00 $\xrightarrow{+\ldots\text{ h}}$ 21:00</td><td rowspan="2">Alle Kinder konnten .... Stunden zusammen spielen.</td></tr>
<tr><td>16 € : 8 =</td></tr>
<tr><td>Wie groß ist der Altersunterschied von Lotta und Ole?</td><td>16 € : 16 =</td><td>Es wurden insgesamt .... Stücke Kuchen gekauft.</td></tr>
<tr><td rowspan="2">Wie lange konnten die Kinder zusammen spielen?</td><td>15:00 $\xrightarrow{+\ldots\text{ h}}$ 19:00</td><td rowspan="2">Der Altersunterschied beträgt .... Jahre.</td></tr>
<tr><td>21:00 $\xrightarrow{-2\text{ h}}$</td></tr>
</table>

Hier kannst du deinen Erfolgssticker platzieren.

Lösungshilfen für Sachaufgaben

Streckenskizzen

Oft werden in Sachaufgaben Strecken und Teilen von Strecken gesucht. Bei solchen Aufgaben kann es hilfreich sein, alle Streckenteile aufzuzeichnen, um einen Überblick zu bekommen.

Beispiel:
Der Parkplatz für die 6 Stellplätze vor dem Haus ist 18 m lang. Alle Stellplätze sind gleich groß. Wie breit ist jeder Stellplatz?

- Zeichne zuerst 6 gleiche Streckenstücke:

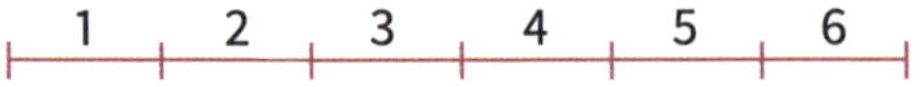

- Zeichne dann die Gesamtstrecke:

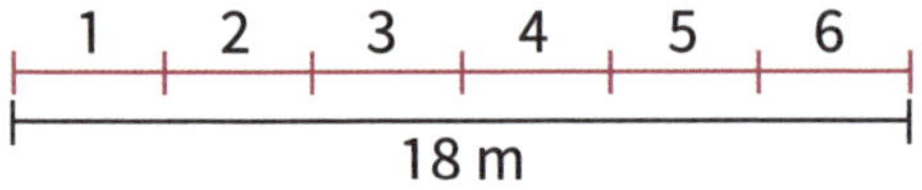

- Rechne dann:
  18 m : 6 = 3 m: Jeder Parkplatz ist 3 m breit.

1 **Familie Berger unternimmt eine Fahrradtour von Burghausen über den Naturpark am Heidesee vorbei nach Talhausen. Wie lang ist die Strecke?**

Strecken:

Rechnung:

....

Antwort:

....

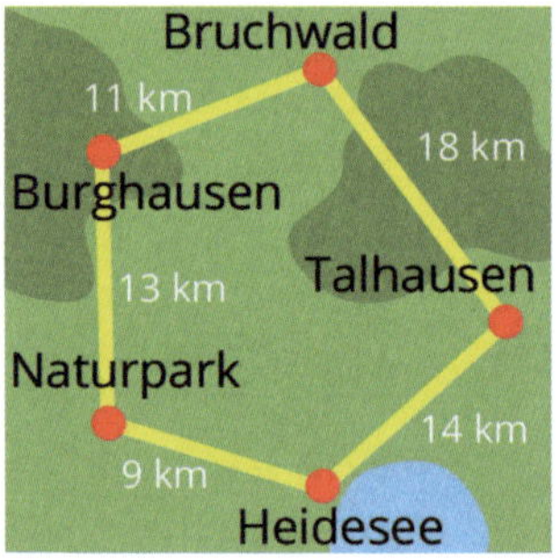

2 **Familie Berger kann die Fahrräder für die 688 km lange Strecke von Frankfurt nach Hamburg im Zug mitnehmen. Im 269 km entfernten Düsseldorf müssen sie einmal umsteigen.**

Wie lang ist Zugstrecke von Düsseldorf nach Hamburg?

Skizze:

Rechnung: ....

Antwort: ....

3 **Welche Skizze gehört zu welcher Aufgabe?**

1 Am ersten Tag fährt die Familie 32 km, am zweiten Tag doppelt so viel und am dritten Tag dreimal so viel wie am ersten Tag.

2 Nach einer Woche rechnet Leo aus, dass er pro Tag durchschnittlich 32 km geradelt ist.

TIPP Durchschnitt: „durchschnittlich“ bedeutet im Mittel; d. h. es kann mal mehr und mal weniger als 32 km sein.

3 Nach einer Riesentour von 96 km gönnt Felix sich einen Tag Pause. Er rechnet aus, dass er in den verbleibenden 3 Tagen noch je 32 km fahren muss, um die Gesamtstrecke von 258 km zu schaffen.

Skizzen:

A

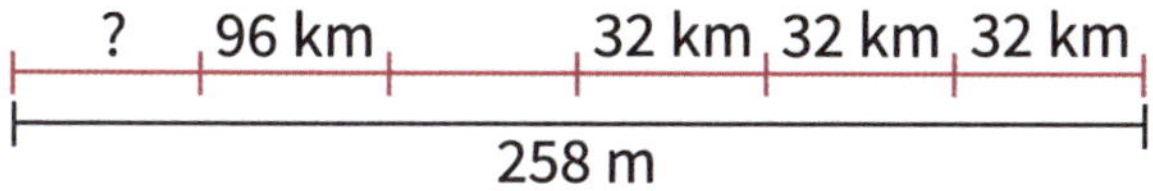

B

C

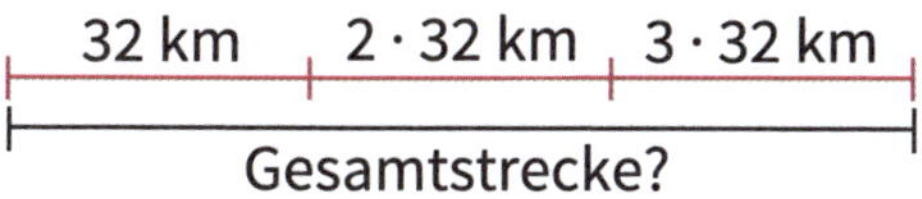

Hier kannst du deinen Erfolgssticker platzieren.

Skizzen

Bei vielen Sachaufgaben werden Situationen mit Mengen oder Größen beschrieben. Hier ist es oft hilfreich, die Situation **vereinfacht aufzuzeichnen**.
Überlege dir dazu gut, welche Informationen für die Lösung der Aufgabe wichtig sind.

1 **Emma, Melike und Jan teilen sich eine Flasche Wasser.**

Frage 1: Wie viel haben die Kinder jeweils getrunken?
Frage 2: Wie viel Sprudel ist noch in der Flasche?

Skizze:

Rechnung: ....

Antwort 1: ....

....

Antwort 2: ....

2 **In der Pizzeria wird eine runde Riesenpizza mit 4 Schnitten in gleich große Stücke aufgeteilt. Die Kinder kaufen 3 Stücke Pizza. Wie viele Pizzastücke bleiben übrig?**

Skizze:

Rechnung: ....

....

Antwort: ....

....

3 **Ein Beachvolleyfeld wird eingezäunt. An jeder Längsseite sollen 8 Pfähle den Maschendrahtzaun halten. An jeder Querseite sollen es 6 Pfähle sein. Die Pfähle sollen alle in einem Abstand von je 3 m im Boden befestigt werden.**

Frage 1: Wie viele Pfähle werden benötigt?

Frage 2: Auf einer Rolle sind 80 m Maschendrahtzaun. Reicht das?

Skizze und Rechnung:

Antwort 1: ....

Antwort 2: ....

Hier kannst du deinen Erfolgssticker platzieren.

Lösungshilfen für Sachaufgaben

Pfeilbilder

Sachaufgaben mit Uhrzeiten (h, min, s), Daten (Zeitpunkte auf dem Kalender) und Zeitspannen (Dauer zwischen 2 Zeitangaben) kannst du mit Pfeilbildern übersichtlich darstellen.

Beispiel:
Wie viele Tage sind es vom 10. April bis zum 3.Mai?

1. Pfeilbild: Rechne bis zum Monatsende und einen Tag weiter.

[10. 4.] —+ 20 Tage→ [30. 4.] —+ 1 Tag→ [1. 5.]

2. Pfeilbild: Berechne die restlichen Tage:

[1. 5.] —+ 2 Tage→ [3. 5.]

3.: Addiere 20 Tage + 1 Tag + 2 Tage = 23 Tage

1 **Familie Kowalski plant ihren Urlaub.**

Wie viele Tage kann die Familie höchstens gemeinsam Urlaub machen?

Für die Berechnung der Urlaubstage zählt man die Anzahl der Übernachtungen

Rechnung:

Antwort: ....

....

2 **Lottas Training beginnt um 17.15 Uhr. Der Bus braucht 17 Minuten bis zum Sportplatz. Für das Umziehen benötigt sie 4 Minuten. Welchen Bus muss Lotta spätestens nehmen, um pünktlich zu sein?**

Rechnung:

Abfahrt Linie 1	
Stunde	Minuten
5	33
6	03 33
7 bis 9	03 18 33 48
10 bis 19	13 33 53
20 bis 22	10 40
23	20
0	20

Antwort: ....

3 **Heute ist der 4. August. Vor zwei Wochen ist Tom von der Jugendfreizeit zurückgekommen.**

Frage: ....

Rechnung:

Antwort: ....

Hier kannst du deinen Erfolgssticker platzieren.

Daten aus Tabellen entnehmen

In einer Tabelle werden Informationen übersichtlich dargestellt. Die Tabelle hat **Zeilen** und **Spalten**. Am **Rand** ist angegeben, welche Informationen dargestellt sind.

Rand	Rand	Rand	Rand
Rand	Z	e i l	e
Rand	Spalte		
Rand			
Rand			

Viele Zusammenhänge von Größen werden in einer Tabelle einander zugeordnet. Beispiele sind Menge und Preis, Wegstrecke und Zeit, Gewicht und Menge usw.

Tabellen können eine gute Lösungshilfe für schwierige Sachaufgaben sein, besonders wenn es darum geht, sich einen Überblick zu verschaffen.

1 **Wo hat es in der ersten Jahreshälfte 2020 mehr geregnet, in Stuttgart oder in Berlin?**

Niederschlagsmenge (in mm)

Monat	Jan	Feb	März	April	Mai	Juni
Stuttgart	14	86,8	50,5	14,9	52,1	117,1
Berlin	34	83,2	30,3	22,7	33,3	35,8

Rechnung:

Antwort: ....

Fit fürs Gymnasium
10-Minuten-Trainer

Mein Stickerbogen

Für jede gelöste Doppelseite in diesem Arbeitsheft darfst du dich mit einem **Erfolgssticker** belohnen.
Suche dir einfach einen Sticker aus und klebe ihn in das dafür vorgesehene Feld am Ende jeder Doppelseite.

Illustrationen: Hans-Jürgen Feldhaus

6.990.212

2 **Ein Freizeitpark hat verschiedene Angebote für den Eintritt. Wie teuer wird es für die verschiedenen Gruppen mindestens? Beantworte die Fragen der Freizeitparkbesucher.**

Eintrittspreise Freizeitpark

	Tageskarte	**Jahreskarte**	**Ab 16:00 Uhr**
Erwachsene	35 €	195 €	19 €
Kinder 3–12 Jahre*	27 €	140 €	15 €
Senioren (ab 60)	29 €	135 €	15 €
Familienkarte: Eltern mit eigenen Kindern bis 16 Jahren	105 €	–	–

* Kinder unter 3 Jahren frei

Wir möchten mit 2 Erwachsenen und 23 Kindern unseres Sportvereins am Freitagmorgen in den Freizeitpark. Die Kinder sind zwischen 10 und 12 Jahre alt. Wie teuer ist der Eintritt?

Wir sind 2 Familien mit Kindern, also 4 Erwachsene und unsere insgesamt 5 Kinder. Wie wird der Aufenthalt am günstigsten für uns?

....

Nach der Arbeit wollen wir mit dem ganzen Team noch gegen 16.30 Uhr in den Freizeitpark. Wir sind 12 Personen. 3 von uns sind schon über 60 Jahre alt.

Mein Opa ist 65 Jahre alt, meine Oma 59, mein Bruder 2 und ich bin 10 Jahre alt. Oma und Opa haben versprochen, in den Ferien jede Woche mit uns in den Freizeitpark zu gehen. Also kommen wir sicher mindestens sechsmal.

....

Rechne auf einem extra Blatt.

Hier kannst du deinen Erfolgssticker platzieren.

Tabellen und Diagramme

Tabellen ergänzen

Wenn eine Tabelle unvollständig ist, kannst du die fehlenden Daten oft durch einfaches Rechnen ergänzen. Gehe so vor:
Schaue dir die vorhandenen Daten genau an. Was wird hier einander zugeordnet (schwarze Zahlen)?
Ergänze dann die Daten, die sich aus den vorhandenen leicht errechnen lassen (**rote** Zahlen).
Aus den ergänzten Daten kannst du nach und nach die übrigen fehlenden Daten errechnen (**grüne** Zahlen).

Beispiel:

	Raubvögel	Singvögel	Papageien	Gesamt
männlich	8	27	21	56
weiblich	9	16	13	38
gesamt	17	43	34	94

Wenn sich die fehlenden Daten einer Tabelle nicht errechnen lassen, so benötigst du weitere Informationen, um die Tabelle zu vervollständigen. Diese Informationen kannst du in Bildern, Texten oder auch in einem Diagramm (s. S. 38) finden.

1 Die Tabelle gibt an, welche Tierart welche Strecke in einer bestimmten Zeit schwimmen kann. Ergänze die Tabelle und beantworte die Fragen.

Zeit / Tierart	15 min	30 min	1 h	2 h
Kaiserpinguin	2,5 km			
Zwergpinguin			5 km	
Adélipinguin				40 km
Galapagospinguin		20 km		

a) Welche Pinguinart kann am schnellsten schwimmen?

....

b) Wie weit können Kaiserpinguine in 4 Stunden schwimmen?

....

c) Pinguinstaffel: Welche Strecke könnten 8 Zwergpinguine in 15 Minuten insgesamt zurücklegen?

....

d) Wie lange würde ein Galapagospinguin für eine Strecke von 150 km brauchen?

....

e) Wie lange würde ein Adélipinguin für 1 km brauchen?

....

2 **Die Tierpfleger schreiben ein Tagebuch über Tiger-Zwillinge. Ergänze die Daten zum Gewicht der beiden.**

Bei seiner Geburt war Timo 500g schwerer als Tina. Nach 6 Monaten betrug der Gewichtsunterschied 17 kg. Heute, nach 4 Jahren ist Timo 150 kg schwerer als Tina. Timo wog mit 9 Monaten doppelt so viel wie mit 6 Monaten. Tina hat zwischen dem 9. Monat und ihrem 1. Geburtstag 10 kg zugelegt. Nach 6 Monaten wog sie 18 Mal so viel wie bei ihrer Geburt.

	Geburt	**6 Monate**	**9 Monate**	**1 Jahr**	**4 Jahre**
Timo		35 kg		120 kg	350 kg
Tina	1 kg		30 kg		

Hier kannst du deinen Erfolgssticker platzieren.

Tabellen erstellen

Um Informationen übersichtlich darzustellen kannst du selbst eine Tabelle **anlegen**.

Eine Tabelle ist für viele Sachaufgaben eine gute Lösungshilfe, besonders wenn es um **Zuordnungen** geht. Überlege zunächst, welche Angaben an den Rändern der Tabelle stehen müssen, um die wichtigen Daten zueinander in Beziehung zu setzen.

1 **Welche Tabellen sind sinnvoll, welche nicht? Begründe.**

a) Futtermengen von Zootieren.

	Fisch	**Fleisch**	**Heu**	**Gemüse**	**Brot**
Delfin	7 kg	–	–	–	–
Löwe	–	6 kg	–	–	–
Elefant	–	–	100 kg	5 kg	3 kg

b) Futtermengen von Zootieren pro Tag.

	Obst	**Gemüse**	**Hafer**
Panda	0,5 kg	0,5 kg	0,3 kg
Elefant	2 kg	5 kg	1 kg
Nashorn	1 kg	2 kg	5 kg

c) Gemüsemengen für verschiedene Zootieren.

	1 Tag	**1 Woche**	**1 Monat**
Gorilla	3 kg	21 kg	90 kg
Panda	0,5 kg	3,5 kg	15 kg
Nashorn	2 kg	14 kg	60 kg

a) ....

....

....

b) ....

....

....

c) ....

....

....

d) Was Zootiere fressen.

Koala	Eukalyptusblätter	
Schlange	2 Mäuse	Taube
Papagei	Körner	Obst

....

2 Erstelle eine passende Tabelle.

Besucher in unserem Zoo

Die Besucherzahlen in unserem Zoo schwanken je nach Jahreszeit erheblich. So besuchen im Sommer durchschnittlich dreimal so viele Personen täglich den Zoo wie im Winter, nämlich etwa 690 Personen pro Tag. Von diesen Besuchern sind 450 Kinder und nur 110 Männer. Im Winter sind von den wenigen Besuchern die Hälfte Kinder. 80 Personen sind Frauen. Im Frühling zieht es die Familien in den Zoo. 300 Kinder, 120 Frauen und etwa 100 Männer kommen im Durchschnitt täglich. Im Herbst besuchen uns viele Kindergruppen. Von den ungefähr 400 Besuchern pro Tag sind durchschnittlich 300 Kinder und 70 Frauen.

Jahreszeit / Anzahl der Besucher				
gesamt				

Hier kannst du deinen Erfolgssticker platzieren.

Diagramme lesen

Diagramme werden häufig für die **übersichtliche Darstellung** und den **Vergleich** von großen Anzahlen verwendet.

Es gibt verschiedene Arten von Diagrammen. Häufig findest du **Säulen-** oder **Balkendiagramme**. Am Rand steht jeweils, worüber das Diagramm informiert.

Du kannst die Daten über Längen der Säulen bzw. Balken direkt vergleichen. Achte dabei stets genau auf die Angaben der Einheiten am Rand. Große Zahlen in Diagrammen sind meist gerundet.

1 **Schau dir die verschiedenen Diagramme an und beantworte zu jedem Diagramm die folgenden Fragen:**

a) Was ist dargestellt?

b) Wie groß sind die Anzahlen? Sind die Zahlen gerundet?

c) Notiere den jeweils höchsten Wert, den das Diagramm anzeigt. Was bedeutet er?

d) Notiere den jeweils niedrigsten Wert, den das Diagramm anzeigt. Was bedeutet er?

e) Gibt es große oder kleine Unterschiede bei den Werten? Hast du dafür eine mögliche Erklärung?

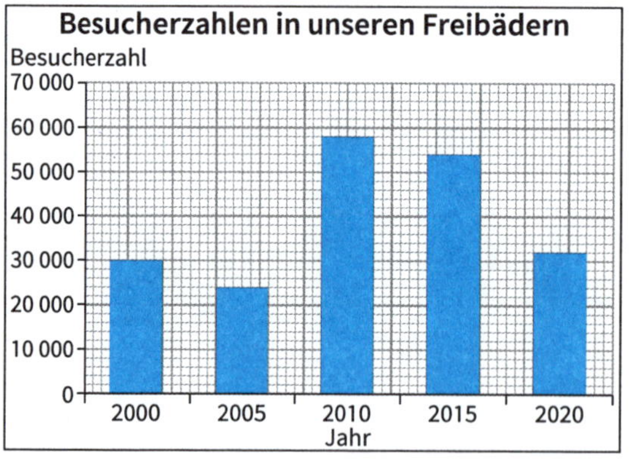

....

....

....

....

....

....

....

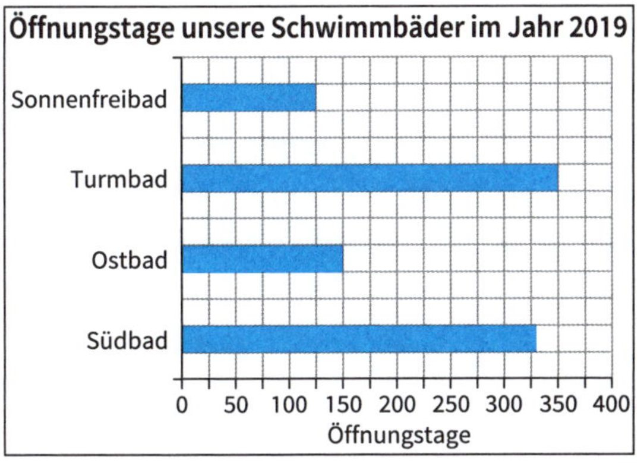

Eine Befragung von 1000 Besuchern zeigt, was den Menschen im Sonnenfreibad am besten gefällt. Jeder Befragte durfte nur eine Antwort geben.

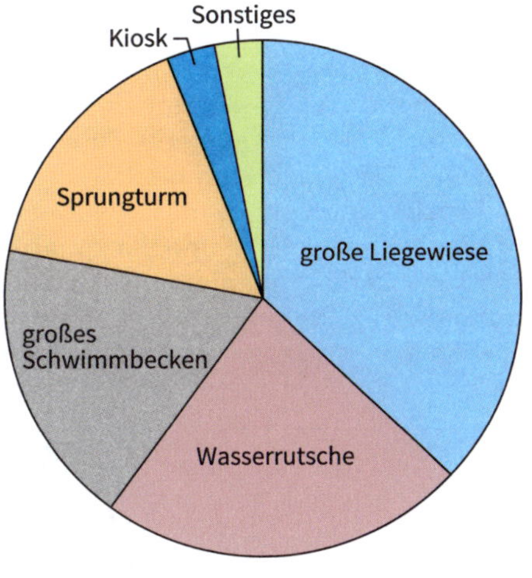

TIPP Das ist ein Kreis- oder Tortendiagramm. Je größer ein „Tortenstück" ist, desto mehr Leute haben sich für diese Antwort entschieden!

Hier kannst du deinen Erfolgssticker platzieren.

Diagramme ergänzen

Wenn du selbst Zahlen in ein Diagramm überträgst, achte genau auf die Einteilungen. Manchmal gibt es für deine Zahl keinen Eintrag. Dann musst du passend **runden**. Eine Säule oder ein Balken kann zwischen zwei Einträgen auf der Skala enden.

1 **Der TSV 1922 möchte zum 100-jährigen Bestehen eine große Festschrift herausgeben. In einem Diagramm soll die Entwicklung der Mitgliederzahlen dargestellt werden. Ergänze es.**

Der Verein hatte in den ersten Jahren seines Bestehens große Mitgliederzuwächse. Bis 1940 ging die Mitgliederzahl dann auf 122 zurück. Bis 1950 stieg die Zahl dann um 30 Mitglieder an. 1960 waren es dann schon 481 Mitglieder und bis 1970 hat sich diese Zahl verdoppelt. Bis 1990 ist die Mitgliederzahl stetig um rund 10 Personen pro Jahr gestiegen. Das Jahr 2000 verzeichnet im Vergleich zu 1990 einen Rückgang um 150 Personen. Im Jahr 2010 waren nur noch 640 Mitglieder angemeldet. 2020 zeigte mit 720 Personen einen Zuwachs in den vergangenen 10 Jahren. Wir werden sehen, wie der Verein sich weiterentwickelt. Wir brauchen dringend engagierte, junge Leute.

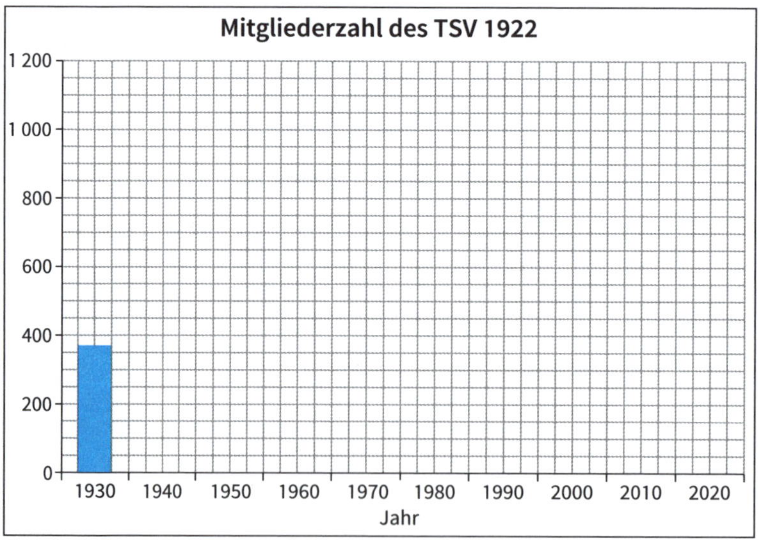

2 **a) Übertrage die Besucherzahlen aus der Tabelle in das Balkendiagramm.**

Monat	Mai	Juni	Juli	August	September
Besucher	24 383	37 243	44 591	53 333	29 721

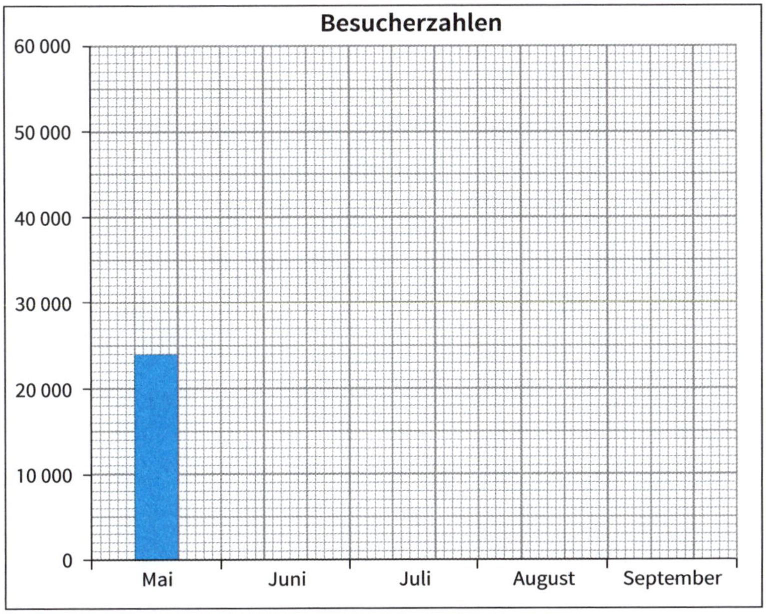

b) Beantworte die Fragen.

Welcher Monat hatte die wenigsten Besucher?

....

Wann kamen die meisten Besucher? Hast du dafür eine Erklärung?

....

Wie viele Besucher kamen in der Saison durchschnittlich pro Monat?

....

TIPP Rechne die Zahlen aller Monate zusammen und teile durch die Anzahl der Monate, um den Durchschnitt zu errechnen.

Hier kannst du deinen Erfolgssticker platzieren.

Diagramme erstellen

Du kannst ein Diagramm nach einem **Text**, einem **Bild**, einer **Zeichnung** oder einer **Tabelle** selbst erstellen. Überlege hierfür genau, wie die Größeneinteilungen auf den Achsen sein müssen. Du musst die wichtigen Daten in dem, was vorgegeben ist, finden und in dem Diagramm so verwenden, dass man einen guten **Überblick** über die Daten erhält.

Überlege:

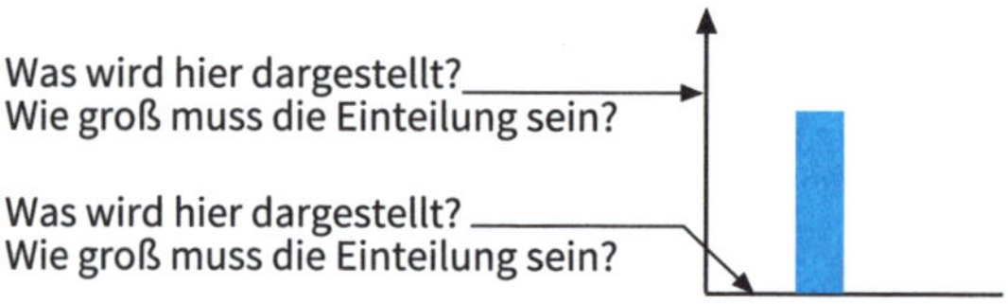

1 **Erstelle ein Säulendiagramm zu den Bestzeiten der Kinder im Schwimmen über 500 m.**

Julia	Florian	Kiara	Taleb
Einmal habe ich 500 m in 14 Minuten geschafft.	Meine beste Zeit über 500 m ist 9,5 Minuten.	500 m schaffe ich in 11 Minuten.	Ich brauche mindestens 15 Minuten für 500 m.

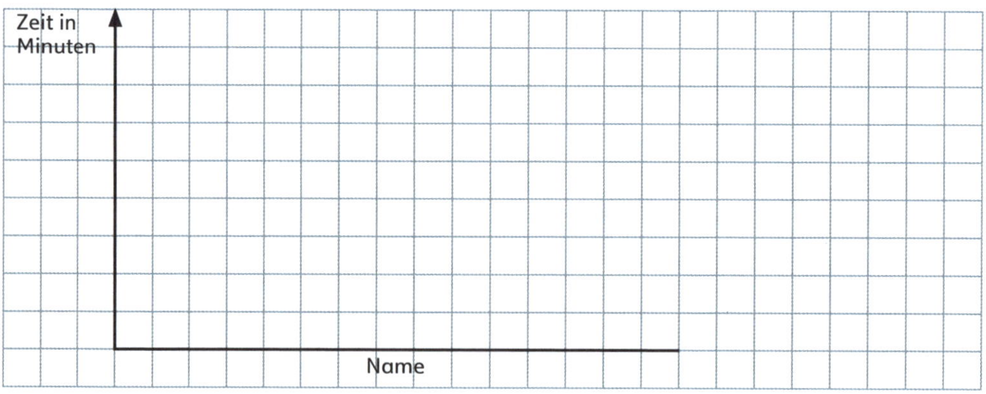

2 Stelle die Daten aus der Tabelle in einem Diagramm dar.

Teilnehmer am 24-Stunden-Schwimmen

Jahr	**2012**	**2014**	**2016**	**2018**	**2020**
Erwachsene	966	1323	1650	1782	695
Kinder	395	419	432	405	276

TIPP Du kannst Erwachsene und Kinder zusammenzählen oder pro Jahr zwei Säulen ansetzen.

Hier kannst du deinen Erfolgssticker platzieren.

Würfelsummen untersuchen

Beim Würfeln entscheidet der **Zufall** über die Augenzahl. Sie lässt sich nicht vorhersagen. Beim Würfeln mit mehreren Würfeln gibt es jedoch Summen die öfter auftreten als andere, da sie sich aus mehreren Wurfkombinationen ergeben. Sie sind somit **wahrscheinlicher**.

Die **Wahrscheinlichkeit** eines Ausgangs kann mit „unmöglich", „unwahrscheinlich", „selten", „wahrscheinlich", „sehr wahrscheinlich" und „sicher" beschrieben werden.

1 **Nimm dir zwei Würfel. Welche Würfelsummen sind beim Würfeln mit zwei Würfeln möglich? Notiere.**

....

....

2 **Notiere alle Möglichkeiten, mit zwei Würfeln folgende Summen zu würfeln:**

Summe 3: ....

Summe 4: ....

Summe 7: ....

Summe 6: ....

Summe 13: ....

Summe 10: ....

Summe 12: ....

Summe 11: ....

3 Vier Kinder haben jeder 40 Mal mit zwei Würfeln gewürfelt und die erzielte Würfelsumme in einer Tabelle festgehalten.

Berechne die Gesamtzahlen und beantworte die Fragen.

Summe	2	3	4	5	6	7	8	9	10	11	12
Lilo		𝍷𝍷	𝍷𝍷𝍷𝍷	𝍸𝍷	𝍸𝍷	𝍸𝍷	𝍷𝍷𝍷𝍷	𝍸𝍷	𝍷𝍷𝍷𝍷		𝍷𝍷
Tim	𝍷𝍷	𝍷𝍷	𝍷𝍷𝍷	𝍸𝍷𝍷	𝍸	𝍸𝍸	𝍷𝍷𝍷	𝍷𝍷	𝍸		𝍷
Fritz	𝍷𝍷	𝍷𝍷𝍷	𝍷𝍷	𝍸	𝍸	𝍸	𝍸	𝍷𝍷𝍷𝍷	𝍷𝍷	𝍸𝍷	𝍷
Anna	𝍷𝍷		𝍷𝍷𝍷𝍷	𝍸𝍷𝍷	𝍷𝍷𝍷𝍷	𝍸𝍷	𝍸𝍷	𝍸	𝍷𝍷𝍷𝍷	𝍷𝍷	
gesamt											

Welche Summe wurde insgesamt am häufigsten gewürfelt? ....

Welche Summe hat Anna am häufigsten gewürfelt? ....

Welche Summe hat Tim am häufigsten gewürfelt? ....

Welche Summe kam am wenigsten vor? ....

Kannst du die Würfelergebnisse erklären?

....

....

4 Welche Aussagen sind richtig? Kreuze an.

Beim Würfeln mit zwei Würfeln...

	richtig	falsch
... fällt die Summe 3 oft.	☐	☐
... hat die Summe 5 die kleinste Wahrscheinlichkeit.	☐	☐
... hat die Summe 7 die größte Wahrscheinlichkeit.	☐	☐
... ist die Summe 13 unmöglich.	☐	☐
... haben die Summen 2 und 12 die gleiche Wahrscheinlichkeit.	☐	☐

Hier kannst du deinen Erfolgssticker platzieren.

Kombinatorik und Wahrscheinlichkeit

Kombinationsmöglichkeiten finden

Bei kombinatorischen Aufgaben ist es wichtig, dass du jede Möglichkeit zum Kombinieren beachtest. Bevor du dir die Möglichkeiten überlegst, stelle dir die Situation gut vor und mache eine Skizze. Zu Skizzen findest du mehr auf den Seiten 26 bis 29.

Nimm dir für die Lösung ein extra Blatt, dann hast du einen besseren Überblick.

1 **Vier Kinder wollen zusammen Mühle spielen – ein altes Brettspiel für zwei Personen. Jedes Kind spielt mit jedem anderen einmal.**

Frage: ....

Antwort: ....

2 **Kleidertausch. Wie viele Kombinationsmöglichkeiten gibt es?**

a) Vier Shorts werden mit vier Shirts kombiniert:

Rechnung: ....

Antwort: ....

b) Die Kinder sind der Meinung, dass kariert und gestreift sowie kariert und gepunktet nicht zusammenpassen. Wie viele Kombinationsmöglichkeiten bleiben übrig, wenn diese Kombis wegfallen?

Rechnung: ....

Antwort: ....

3 **Aus einer Tüte mit Kugeln wird gezogen.**

a) Wie oft muss man höchstens ziehen, um eine rote Kugel zu erhalten?

Erkläre: ....

....

b) Wie viele Farbkombinationen gibt es, wenn man gleichzeitig 3 Kugeln herausnimmt? Male.

Antwort: ....

c) Wie oft muss man ziehen, um erst eine gelbe, dann eine rote und dann eine blaue Kugel zu ziehen?

Antwort: ....

4 **In einer Katzenfamilie unterscheiden sich die Katzenkinder alle voneinander.**

Es gibt Katzenkinder mit dunklen und mit hellen Ohren, solche mit dunklem und hellem Kopf sowie Männchen (Kater) und Weibchen (Katzen). Zeichne alle möglichen Kombinationen auf. Der Verzweigungsbaum hilft dir.

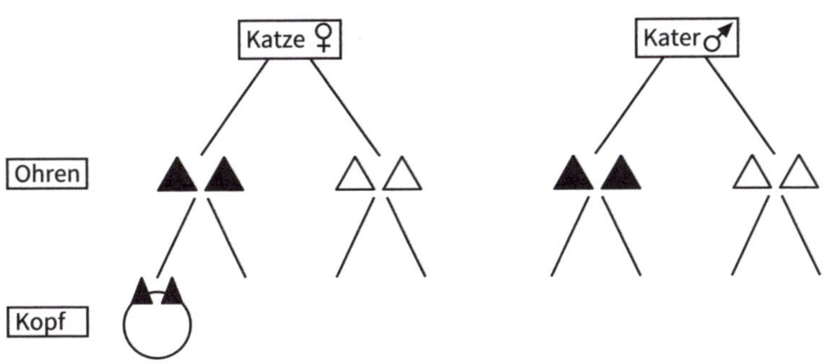

Hier kannst du deinen Erfolgssticker platzieren.

Knobelaufgaben

Bei Knobelaufgaben musst du manchmal etwas „um die Ecke“ denken. Wichtig ist, dass du dir die Situation ganz genau klar machst.

Oft ist eine **Skizze** hilfreich, um die Situation vor Augen zu haben. Eine **Tabelle** kann dir eventuell einen Überblick verschaffen. Überlege stets, welcher Trick aus den vorangegangenen Kapiteln dich weiter bringt.

1 **Uroma Maus hat 9 Töchter, jede hat wiederum 9 Töchter und diese haben je drei Mäusemädchen.**

2 **Die Flagge soll die Farben gelb, rot und blau haben. Wie viele verschiedene Möglichkeiten gibt es?**

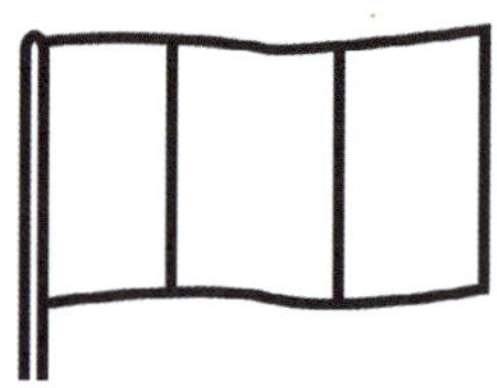

Antwort: ....

3 **Im Hof laufen Hühner und Schafe herum. Es sind 20 Tiere mit insgesamt 54 Beinen.**

Wie viele Hühner und wie viele Schafe sind es?

4 **Karla sucht eine Telefonnummer. Sie weiß noch, dass die Nummer 6 Stellen hat und mit 77 beginnt. Alle ungeraden Ziffern kommen mindestens einmal vor.**

Wie viele Möglichkeiten gibt es?

Hier kannst du deinen Erfolgssticker platzieren.

Komplexe Sachaufgaben

In vielen Situationen in unserem Alltag begegnet uns Mathematik in Form von Sachaufgaben. Je mehr Strategien du zum Lösen mathematischer Problemstellungen kennst, umso leichter lassen sich Lösungen finden. Oft gibt es verschiedene Lösungswege.

Verschaffe dir über die folgenden Aufgaben zunächst einen guten **Überblick**. Lies dann in den passenden vorangegangenen Kapiteln noch mal nach, welche **Strategien** zur Lösung führen könnten.

Plane dann die Lösung. Nimm dir stets ein extra Blatt zum Rechnen.

1 Reisebüro Sonnenschein

Im Büro des Ferienhofes Sonnenschein ist viel los. Kannst du die Urlauberfragen beantworten?

Preisliste ***Ferienhof Sonnenschein***		
Übernachtung Zimmer (Dusche/WC)	**Hochsaison** 1.7.–31.8.	**Nebensaison** 1.3.–30.6. 1.9.–10.11.
Erwachsene Kinder bis 14 Jahre	35 € 17 €	25 € 15 €
Frühstück auf der Terrasse: 8,50 €/Person, Kinder zahlen den halben Preis		
Ferienwohnungen pro Übernachtung: Wohneinheit 1 (3 Betten) Wohneinheit 2 (4 Betten, Balkon) Wohneinheit 3 (6 Betten)	 79 € 105 € 95 €	 59 € 75 € 75 €
Freizeitangebote: Reiten: 18 € / Stunde Tennisplatz: 16 € / Stunde Hochseilgarten 18 €		

Name: Familie Müller
Personen: 2 Erwachsene, 2 Kinder unter 14 Jahren
Reisezeit: 25.6.–5.7 (10 Tage).
Fragen und Wünsche: Was ist günstiger, Ferienwohnung oder Zimmer?
In der Urlaubskasse sind insgesamt 1200 €. Reicht das Geld, wenn die Kinder je fünf Reitstunden nehmen und die ganze Familie einmal den Hochseilgarten besucht?

Liebe Familie Müller,

vielen Dank für Ihre Anfrage. ....

....

....

Mit freundlichen Grüßen, Ferienhof Sonnenschein

Name: Familie Klein
Personen: 2 Erwachsene, 1 Kind (15 Jahre)
Reisezeit: 7 Nächte, 25.8.–1.9.
Fragen und Wünsche: Wir möchten es richtig schön haben und draußen frühstücken. Nach dem Frühstück möchten wir täglich Tennis spielen und den Platz jeweils für eine Stunde reservieren. Dazu käme ein Ausritt mit der ganzen Familie. Welche Übernachtungsangebote sind für uns geeignet?
Wie teuer wird der Urlaub insgesamt?

Liebe Familie Klein,

vielen Dank für Ihre Anfrage. ....

....

....

Mit freundlichen Grüßen, Ferienhof Sonnenschein

Hier kannst du deinen Erfolgssticker platzieren.

Komplexe Sachaufgaben

2 Schulfest: Die vierten Klassen planen ein tolles Abschiedsfest für die ganze Schule.

Die 4a plant ein Glücksrad, bei dem es tolle Preise zu gewinnen gibt. Bleibt das Glücksrad auf einem Vielfachen von 4, 7 oder 5 stehen, gibt es einen Preis zu gewinnen. Die übrigen Zahlen gewinnen nicht.
Die Preise haben insgesamt 130 € gekostet.
Von den Luftballons haben die Kinder am meisten, Stifte etwas weniger und am wenigsten von den Jojos. Die Preise sollen möglichst lange reichen. Bei welchen Vielfachen würdest du welchen Gewinn ausgeben? Warum?

....

....

Die Klasse 4b übernimmt den Kuchenverkauf. Ziel ist es, die Kosten für die Glücksradgewinne mit dem Verkauf zu decken. Was übrig bleibt, wird für den Abschlussausflug der Viertklässler verwendet. 16 Kuchenspenden sind versprochen und zwar 8 runde Torten und 8 Portionen Muffins (pro Portion 12 Muffins). Die Kinder überlegen:

Wie viele Stücke Torte können wir aus einer runden Torte schneiden?

Wie viele Tortenstücke und Muffins haben wir insgesamt?

Was ist, wenn wir nicht alles verkaufen?

Was muss ein Stück Torte oder ein Muffin kosten, damit wir das Geld für die Gewinne auf jeden Fall verdienen?

Wie hoch könnte unser Gewinn sein, wenn wir 1,50 € pro Tortenstück einnehmen?

Die Klasse 4c veranstaltet einen Hindernislauf. Eine Runde über den Parcours ist 200 m lang. Pro überwundenem Kilometer zahlt der Förderverein 3 € für ein Hilfsprojekt. Ziel ist es, mindestens 150 € einzunehmen.

Fünf Lehrer haben schon angekündigt, drei Runden zu laufen. Der Hausmeister will den Parcours fünf Runden durchhalten. Die vier Sportskanonen unter den Schülerinnen und Schülern haben jeweils sieben Runden angekündigt. Viele Eltern und Kinder wollen auch mitmachen und mindestens eine Runde schaffen.

Frage: ....

....

Antwort: ....

....

Die Klasse 4d hat ein Theaterstück einstudiert. Sie planen zwei Aufführungen auf dem Schulhof und rechnen mit etwa 80 Familien, die das Stück sehen wollen.

Wie viele Familienmitglieder werden wohl jeweils da sein?

Wie viele Stühle brauchen wir?

Reichen die Stühle der Schule überhaupt? Ich mache mal eine Überschlagsrechnung: 4 mal 4 Klassen ...

Hier kannst du deinen Erfolgssticker platzieren.

Komplexe Sachaufgaben

3 **Kirmes: Schau dir das Bild genau an. Betrachte dann die Gedanken der Kinder auf der nächsten Seite. Finde mindestens 5 Mathesituationen. Formuliere hierzu Rechenfragen, rechne und beantworte die Fragen.**

Ich möchte dreimal mit der wilden Maus fahren und unbedingt eine Zuckerwatte essen ...

Schaut mal dort, jedes 3. Los gewinnt! Wie groß sind meine Chancen, wenn ich 10 Lose kaufe?

Wo bleibt Felix eigentlich, wir wollten doch hier um 15:00 Uhr gemeinsam starten und jetzt ist es schon Viertel nach. Ach so, sein Bus verspätet sich und er kommt 20 Minuten zu spät ...

Um 18:15 Uhr werden Lotta und ich abgeholt. Wie viel Zeit haben wir dann alle zusammen eigentlich?

Ich habe nur 12 €. Bei den Preisen hier wird das ganz schön knapp. – Wir können uns ja Tickets für mehrere Fahrten kaufen und dann teilen.

Ich habe 15 € dabei. Ich kann mich gar nicht recht entscheiden, was ich machen soll. Zuckerwatte möchte ich zum Abschluss auch noch kaufen, Wilde Maus fahren und Riesenrad. Was geht dann noch?

Ich versuche es lieber mit Dosenwerfen. Wenn ich dreimal abräume, gewinne ich den großen Dino dort.

Wie hoch ist das Riesenrad eigentlich?

Hier kannst du deinen Erfolgssticker platzieren.

Rechnen mit Größen

Rechnen mit Geld

Seite 6

1. Gleiche Beträge:
   25 € = 2500 ct
   2,95 € = 295 ct = 2 € 95 ct
   30 ct = 0,30 € = 0 € 30 ct
   0,25 € = 25 ct;
   0,29 € = 29 ct
   0,09 € = 9 ct = 0 € 9 ct

Seite 7

2. 6 € = 600 ct
   34 € = 3400 ct
   1 000 € = 100000 ct
   123 € = 12300 ct
3. 100 ct = 1 €
   230000 ct = 2300 €
   4 ct = 0,04 €
   26500 ct = 265 €
4.

	4	,	0	3	€
+	2	,	5	7	€
+	0	,	6	0	€
	1		1		
	7	,	2	0	€

	2	0	0	,	3	7
+			0	,	0	9
+			3	,	3	3
					1	
	2	0	3	,	7	9

		0	,	9	9	€
+	3	0	,	2	5	€
+		0	,	7	5	€
		1		1		
	3	1	,	9	9	

		0	,	0	5	€
+	6	7	,	0	0	€
+		0	,	5	5	€
+		4	,	8	8	€
	1	1		1		
	7	2	,	4	8	€

Rechnen mit Längen

Seite 8

1. 1,5 mm; 15 mm; 15 cm; 240 mm; 47 cm; 24 dm; 4,7 m; 7,3 m; 74 dm; 17 m; 42 m; 51 m; 2,4 km; 4,2 km; 5,1 km; 15 km

Seite 9

2. 205 m + 40 m + 46 m = 291 m
   5,005 km + 70 km – 1 km = 74,005 km
   416 cm - 22 cm + 45,7 cm = 439,7 cm
   82 cm - 26 cm = 56 cm
   20000 km + 56 cm = 20 000 km 56 cm
   Das ist hier am Sinnvollsten, da die Einheiten km und cm sehr unterschiedlich sind.
3. Tom: 20 m
   Lotta: 25 m
   Lisa: 12,5 m
   Felix: 22,5 m

Rechnen mit Gewichten

Seite 10

1.

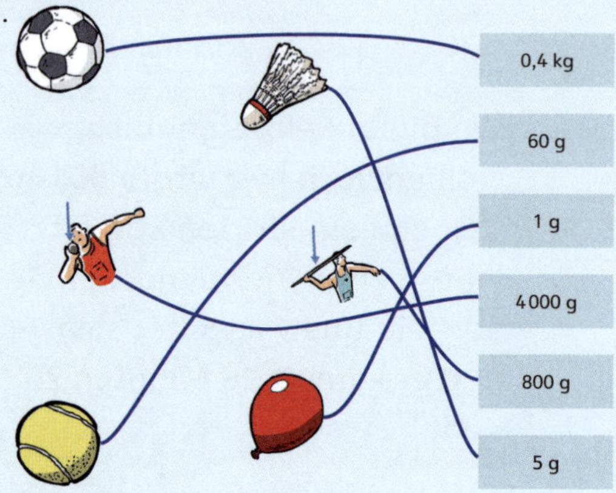

Seite 11

2. Gleiche Größen:
   400 g = 0,4 kg
   8,5 kg = 8500 g
   0,085 t = 85 kg = 85000 g
   0,04 t = 40 kg
   2,6 t = 2600 kg
   260 kg = 260000 g
   26 000 g = 26 kg
3. 80 g + 200 g + 450 g = 730 g
   500 kg - 100 kg + 60 kg = 460 kg
   200 kg + 80,088 kg - 42 kg = 238,888 kg
   1452 g + 5000 g - 455 g = 5997 g = 5,997 kg
4. Ein Federball wiegt 5 g.
   16 · 5 g = 80 g: Ein Schlagball wiegt 80 g.
   4 · 80 g = 320 g: Vier Schlagbälle wiegen 320 g.

Rechnen mit Hohlmaßen

Seite 12

1. 0,5 l = 500 ml
   0,25 l = 250 ml
   4 l = 4000 ml
   $\frac{3}{4}$ l = 750 ml
   0,09 l = 90 ml
   $2\frac{1}{2}$ l = 2500 ml
2. 400 ml = 0,4 l
   50 ml = 0,05 l;
   4 l 7 ml = 4,007 l
   250 ml = 0,25 l;
   750 ml = 0,75 l
   2500 ml = 2,5 l

Seite 13

3.

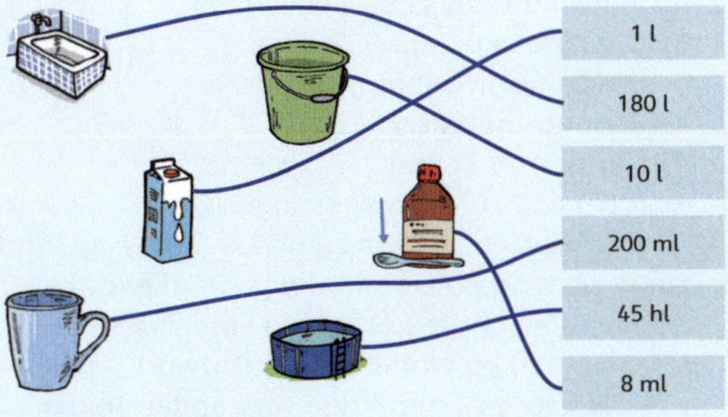

4. $6 \cdot 125$ ml = 750 ml
$\frac{3}{4}$ l entspricht 6 Gläsern mit 125 ml.

Rechnen mit der Zeit

Seite 14

1.

Monat	Tage	Monat	Tage
Januar	31	Juli	31
Februar	28/29	August	31
März	31	September	30
April	30	Oktober	31
Mai	31	November	30
Juni	30	Dezember	31

Seite 15

2. Gleiche Zeitspannen:
21 Tage = 504 Stunden
15 min = 900 s
480 h = 20 Tage
365 Tage = 8 760 h =
12 Monate = 52 Wochen
48 h = 2 Tage
4 Tage = 96 h

3. $\frac{3}{4}$ h = 45 min
$2\frac{1}{2}$ h = 150 min
$\frac{1}{4}$ h = 15 min
$5\frac{1}{4}$ h = 315 min
$1\frac{3}{4}$ h = 105 min
$\frac{1}{2}$ h = 30 min

4. $2\frac{1}{2}$ min = 150 s
$\frac{1}{4}$ h = 900 s
5 min = 300 s
1 h = 3600 s
$5\frac{3}{4}$ min = 345 s
15 min = 900 s

5. 90 min = $1\frac{1}{2}$ h
$1\frac{1}{2}$ Tage 36 h
180 min = 3 h
3600 s = 1 h
1 Woche = 168 h
2400 min = 40 h

Noch mehr Übungen zum Rechnen mit Größen findest du im dritten Kapitel des Bands *Fit fürs Gymnasium* ***Intensiv-Trainer Übertritt 4 → 5 Mathematik*** (978-3-07-241009-0)

Sachaufgaben lösen

Wichtige Daten erkennen

Seite 16

1. Die Ochsen von Bauer Meier sind friedlich. ☐
Der Bauer verkauft Milch an die Molkerei. ☒
Die Füße von Bauer Meier rieche nach Käse. ☐
Bauer Meier hat 123 Rinder. ☒
Die Hälfte der Milch verarbeitet Bauer Meier zu Käse. ☒

Seite 17

2.

3.

	richtig	falsch	n.z.b.
Im Zoo gibt es mehr weibliche als männliche Vögel.	☐	☒	☐
Die meisten Vögel sind Singvögel.	☒	☐	☐
Singvögel sind kleiner als Raubvögel.	☐	☐	☒
Papageien können nicht sprechen.	☐	☐	☒
Die meisten Vögel im Zoo sind männlich.	☒	☐	☐

Passende Fragen finden

Seite 18

1.

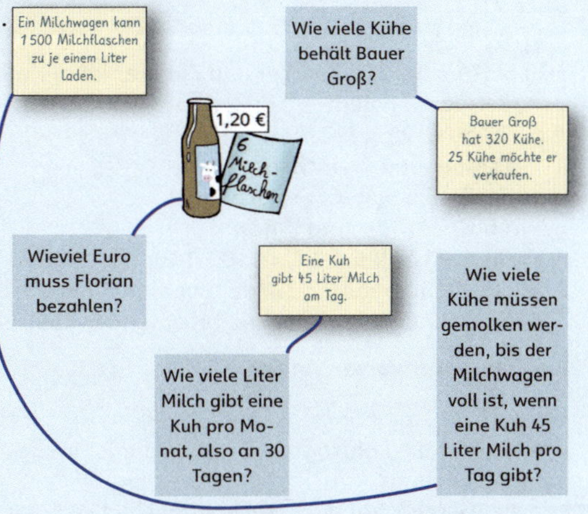

Seite 19

2. Wie viele Eier hat sie verkauft? ☒
   Wie viel Geld hat sie eingenommen? ☐
   Welche Ware verkauft sich am besten? ☐
   Wann war der Markt zu Ende? ☐
   Wie viele km ist sie insgesamt gefahren? ☒
   Wie groß waren die Küken? ☐
   Wie viele Küken hat sie verkauft?? ☒
   Wie viele Eiernudeln hat sie verkauft? ☒

3. a) Wieviel Euro muss Frau Meier bezahlen?
   b) Wie viele Reitstunden kann Lotta nehmen?
   c) Wie viele Schafe der Herde sind männlich?
   d) Wie hoch sind die Einnahmen?

Passende Rechnungen finden

Seite 20

1.
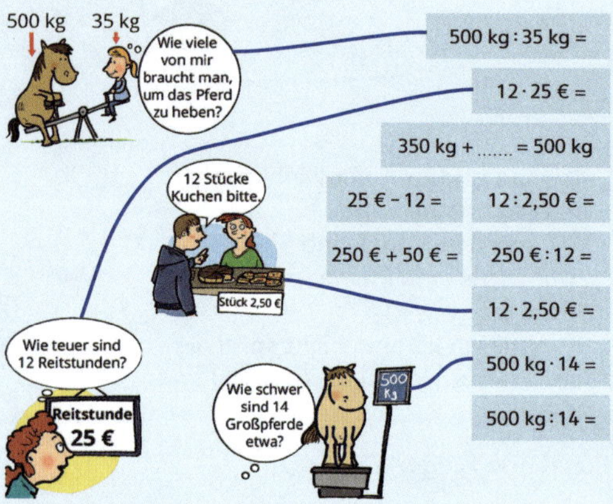

Seite 21

2. a) 32 € · 3 = 96 €
   b) 23 : 4 = 5 R 3: 6 Zimmer, ein Zimmer ist nur mit 3 Kindern belegt.
   c) 12,50 € · 25 = 312,50 €
      (Kinder und Erwachsene)
   d) 54 € – 8 € = 46 € (Erwachsene)
      46 € : 23 = 2 € (pro Kind)
   e) 96 € + 12,50 € + 2 € = 110,50 €
3. Die Rechnung passt zu „Wie teuer ist die Produktion von Käse?" und zu „Wie teuer ist der Käse?"

Passende Antworten finden

Seite 22

Wie lang ist die Fahrradtour? – Die Tour ist insgesamt 42 km lang.
Wie viel Gepäck hat die Familie dabei? – Die Familie hat 35,5 kg Gepäck dabei.
Wann ist Familie Blum zuhause angekommen? – Familie Blum ist um 19:30 zuhause angekommen.
Was haben die 3 Fahrräder gekostet? – Die 3 Fahrräder haben zusammen 1460 € gekostet.

Seite 23

2. a) Jedes Kind muss 96 € bezahlen.
   b) Die Klasse belegt 6 Zimmer.
   c) Die Lehrerin bezahlt dem Busunternehmen 312,50 €.
   d) Der Eintritt kostet 2 € pro Kind.
   e) Jedes Kind muss insgesamt 110,50 € bezahlen.
3. Alle Antworten passen zum Text. Zur Frage und zur Rechnung passt allerdings nur die Antwort: „Wenn alle Schafe geschoren sind, hat der Schäfer etwa 810 kg Wolle." In der Antwort werden viele Wörter aus der Frage verwendet. In der Rechnung werden die Zahlen aus der Aufgabe verwendet, nach denen die Frage fragt.

Einfache Sachaufgaben lösen

Seite 24

1. Schritt:
   Wichtige Daten sind: 2 Liter Milch, 3 Gläser Marmelade, 500 g Butter, 150 g Wurst, 12 Brötchen
2. Schritt:
   Wieviel Euro muss Familie Groß für das Frühstück bezahlen?
3. Schritt:
   Milch: 2 · 1,30 € = 2,60 €
   Marmelade: 3 · 2,50 € = 7,50 €
   Butter: 2 · 1,69 € = 3,38 €
   Wurst: 1,80 € + 0,90 € = 2,70 €
   Brötchen: 12 · 0,35 € = 4,20 €
   insgesamt: 20,38 €
4. Schritt:
   Familie Groß bezahlt insgesamt 20,38 € für das Frühstück.

Seite 25

2. Was kostet ein Stück Kuchen?
   16 € : 16 = 1 €
   Ein Stück Kuchen kostet 1 €.

   Wie viele Kuchenstücke werden gekauft?
   5 · 2 + 3 · 2 = 16
   Es wurden insgesamt 16 Stücke Kuchen gekauft

   Wann ist Lotta eingeschlafen?
   21:00 $\xrightarrow{-2\text{ h}}$ 19:00
   Lotta ist im 19:00 eingeschlafen.

   Wann kommt Familie Buch an?
   13:00 $\xrightarrow{+2\text{ h}}$ 15:00
   Familie Buch kommt um 15 h an.

   Wie groß ist der Altersunterschied zwischen Lotta und Ole?
   12 – 2 = 10
   Der Altersunterschied beträgt 10 Jahre.

   Wie lange konnten die Kinder zusammen spielen?
   15:00 $\xrightarrow{+4\text{ h}}$ 19:00
   Alle Kinder konnten 4 h zusammen spielen.

Streckenskizzen

Seite 26

1. Rechnung: 13 km + 9 km + 14 km = 36 km
   Antwort: Die Strecke ist 36 km lang.

Seite 27

2. Rechnung: 688 km – 269 km = 419 km
   Antwort: Die Strecke von Düsseldorf nach Hamburg ist 419 km lang.
3. Skizze A gehört zu Aufgabe 3.
   Skizze B gehört zu Aufgabe 2.
   Skizze C gehört zu Aufgabe 1.

Skizzen

Seite 28

1. Skizze:

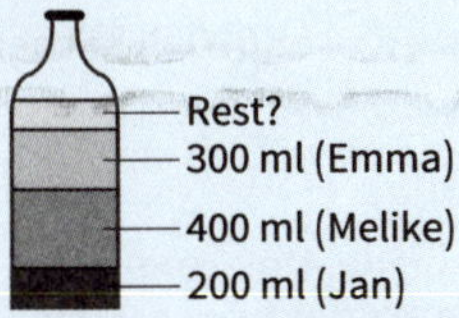

Rechnung: 1 l = 1000 ml
Jan: 200 ml; Melike: 200 ml · 2 = 400 ml;
Emma: (200 ml + 400 ml) : 2 = 300 ml
900 ml + 100 ml = 1000 ml
Antwort 1: Emma hat 300 ml, Melike 400 ml und Jan 200 ml getrunken.
Antwort 2: Es sind noch 100 ml in der Flasche.

Seite 29

2. Skizze:

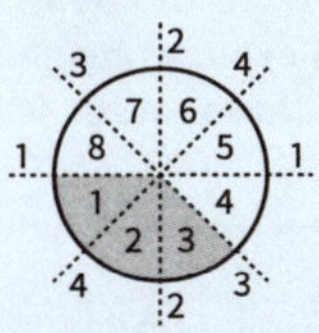

Rechnung: 8 – 5 = 3
Antwort: Es bleiben 5 Stücke übrig.

3. Skizze:

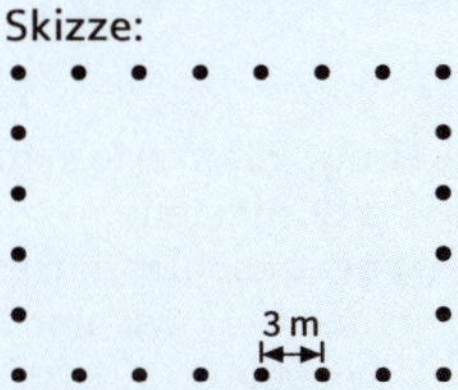

Rechnung: Eckpfähle zählen für zwei Seiten, also 4 · 6 = 24.
Die langen Seite sind 7 · 3 m = 21 m lang, die kurzen 5 · 3 m = 15 m.
2 · 21 m + 2 · 15 m = 42 m + 30 m = 72 m.
Antwort 1: Es werden 24 Pfähle benötigt.
Antwort 2: 80 m Maschendrahtzaun reichen. Es werden 72 m benötigt.

Pfeilbilder

Seite 30

1. Rechnung: 7.8. $\xrightarrow{+16\ \text{Tage}}$ 23.8.
   Antwort: Die Familie kann 16 Tage gemeinsam Urlaub machen.

Seite 31

2. Rechnung:

   17:11 $\underset{+4\ \text{min}}{\overset{-4\ \text{min}}{\rightleftarrows}}$ 17:15

   17:00 $\underset{+11\ \text{min}}{\overset{-11\ \text{min}}{\rightleftarrows}}$ 17:11

   16:54 $\underset{+6\ \text{min}}{\overset{-6\ \text{min}}{\rightleftarrows}}$ 17:00

   Antwort: Lisa muss spätestens den Bus um 16:53 nehmen.

3. Frage: An welchem Tag ist Tom zurückgekommen?
   Rechnung:
   21.7. $\xrightarrow{-10\ \text{Tage}}$ 31.7. $\xrightarrow{-1\ \text{Tag}}$ 1.8. $\xrightarrow{-3\ \text{Tage}}$ 4.8.
   Antwort: Tom ist am 21.7. zurückgekommen.

Daten aus Tabellen entnehmen

Seite 32

1. Stuttgart / Berlin

Stuttgart							Berlin				
		1	4					3	4		
+		8	6	,	6		+	8	3	,	2
+		5	0	,	5		+	3	0	,	3
+		1	4	,	9		+	2	2	,	7
+		5	2	,	1		+	3	3	,	3
+	1	1	7	,	1		+	3	5	,	8
	2	2	2					1	2		
	3	3	5	,	2		2	3	9	,	3

Antwort: In Stuttgart hat es in der ersten Jahreshälfte 2020 mehr geregnet als in Berlin.

Seite 33

2. Frage 1: Zwei Erwachsene und 23 Kinder
   Rechnung: 2 · 35 € + 23 · 27 € = 691 €
   Antwort: Der Eintritt kostet 691 €.
   Frage 2: 2 Familienkarten
   Rechnung: 2 · 105 € = 210 €
   4 Erwachsene und 5 Kinder
   Rechnung: 4 · 35 € + 5 · 27 € = 275 €
   Antwort: Der Aufenthalt ist am günstigsten mit 2 Familienkarten, die zusammen 210 € kosten.
   Frage 3: 9 Erwachsene und 3 Senioren ab 16:00
   Rechnung: 9 · 19 € + 3 · 15 € = 216 €
   Antwort: Das kostet insgesamt 216 €.
   Frage 4: Je eine Jahreskarte für Erwachsene, Senioren und Kinder. Der Zweijährige ist umsonst
   .

Rechnung: 195 € + 140 € + 135 € = 470 €
Antwort: Das kostet insgesamt 470 €.

Tabellen ergänzen

Seite 34

1.

	15 min	30 min	1 h	2 h
Kaiserp.	2,5 km	5 km	10 km	20 km
Zwergp.	1,25 km	2,5 km	5 km	10 km
Adélip.	5 km	10 km	20 km	40 km
Galapagosp.	10 km	20 km	40 km	80 km

Seite 35

1. a) Am schnellsten kann der Galapagospinguin schwimmen.
   b) Rechnung: 2 · 2 h = 4 h
   2 · 20 km = 40 km
   In 4 Stunden kommen Kaiserpinguine 40 km weit.
   c) Rechnung: 8 · 1,25 km = 10 km
   8 Zwergpinguine schaffen in 15 Minuten zusammen 10 km.
   d) Rechnung: 15 · 10 km = 150 km
   15 · 15 min = 225 min = 3 h 34 min
   Für 150 km braucht ein Galapagospinguin 3 Stunden und 45 Minuten.
   e) Rechnung; 15 min : 5 = 3 min
   Für 1 km braucht der Adélipinguin 3 min.
2. Rechnungen:
   1 kg + 500 g = 1,5 kg
   35 kg − 17 kg = 18 kg
   350 kg − 150 kg = 200 kg
   35 kg · 2 = 70 kg
   30 kg + 10 kg = 40 kg

	Geburt	6 M.	9 M.	1 J.	4 J.
Timo	1,5 kg	35 kg	70 kg	120 kg	350 kg
Tina	1 kg	18 kg	30 kg	40 kg	200 kg

Tabellen erstellen

Seite 36

1. a) nicht sinnvoll, weil die Tiere Verschiedenes fressen. Man bekommt keinen besseren Überblick durch die Tabelle.
   b) sinnvoll, die Tabelle bietet einen guten Überblick. Sie erleichtert z. B. den Futterkauf.
   c) sinnvoll, man sieht, welche Gemüsemengen in einem Zeitraum benötigt werden.

Seite 37

1. d) nicht sinnvoll, es gibt hier keine Zuordnung und die Tabelle veranschaulicht keinen Vergleich.
2. Rechnungen:
   690 Personen : 3 = 230 Personen (Winter)
   690 − 450 − 110 = 130 (Frauen im Sommer)
   230 Personen : 2 =115 Personen (Kinder im Winter)
   230 − 115 − 80 = 35 (Männer im Winter)
   300 + 120 + 100 = 520 (Besucher im Frühling)
   400 − 300 − 70 = 30 (Männer im Herbst)

Besucher im Zoo

	Frühling	Sommer	Herbst	Winter
Kinder	300	450	300	115
Frauen	120	130	70	80
Männer	100	110	30	35
gesamt	520	690	400	230

Diagramme lesen

Seite 38

1. Diagramm
   a) Besucherzahlen in verschiedenen Schwimmbädern
   b) 0 bis 70 000, gerundet
   c) Der höchste Wert sind etwa 58 000 Besucher im Jahr 2010.
   d) Der niedrigste Wert sind etwa 24 000 Besucher im Jahr 2005.
   e) Es gibt große Unterschiede. Das könnte an unterschiedlich gutem Wetter liegen. Möglicherweise war das Bad nach einer Renovierung nach dem Jahr 2005 auch attraktiver. 2020 kamen wegen des Corona-Virus weniger Besucher.

Seite 39

2. Diagramm
   a) Öffnungstage von vier verschiedenen Schwimmbädern.
   b) 0 bis 350, nicht gerundet. Ein Jahr hat 365 Tage, diese Tage lassen sich exakt ablesen.
   c) Der höchste Wert sind 350 Öffnungstage im Turmbad.
   d) Der niedrigste Wert sind 125 Öffnungstage im Sonnenfreibad.
   e) Es gibt große Unterschiede. Hallenbäder haben das ganze Jahr geöffnet, Freibäder nur in der warmen Jahreszeit
3. Diagramm
   a) Vorlieben der Besucher
   b) Es wurden 100 Leute befragt, die Werte sind gerundet als Tortenstücke dargestellt.
   c) Die große Liegewiese ist am beliebtesten.
   d) Die niedrigsten Werte stehen für Kiosk und Sonstiges. Der Kiosk ist den Leuten nicht so wichtig. Unter „Sonstiges“ sind Angaben zusammengefasst, die nur wenige als wichtig eingestuft haben.
   e) Es gibt große Unterschiede. Die Leute haben offenbar alle ähnliche Vorlieben, sodass einige Dinge deutlich beliebter sind als andere.

Diagramme ergänzen

Seite 40

1. 122 + 30 = 152 (Mitglieder 1950)
   481 · 2 = 962 (Mitglieder 1970)
   962 + 10 · 10 = 1062 (Mitglieder 1980)
   1062 + 10 · 10 = 1162 (Mitglieder 1990)
   1162 – 150 = 1012 (Mitglieder 2000)
   Daten:

1930	1940	1950	1960	1970
320	122	152	481	962

1980	1990	2000	2010	2020
1062	1162	1012	640	720

Diagramm:

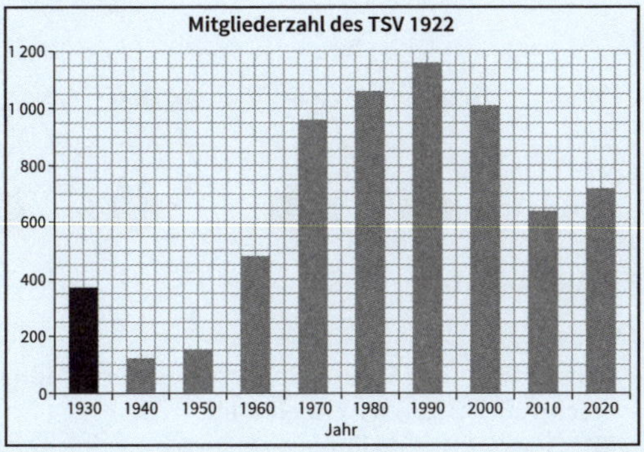

Seite 41

2. a) Diagramm:

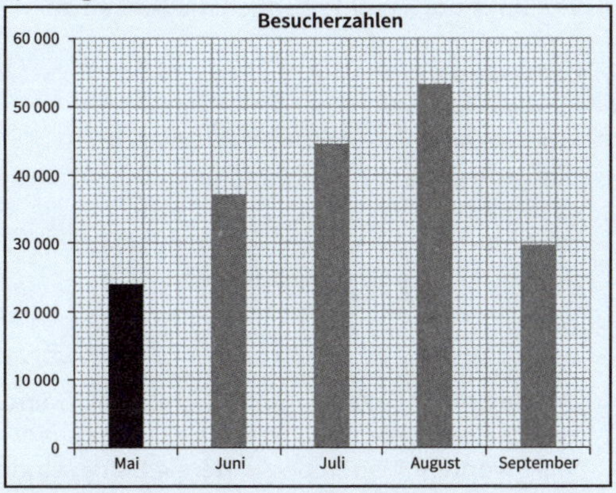

b) Am wenigsten Besucher kamen im Mai.
Am meisten Besucher kamen im August.
Dann war das Wetter wohl am schönsten und es waren Ferien.
Im Durchschnitt kamen in der Saison 37 854 Besucher pro Monat.

Diagramme erstellen

Seite 42

1. Diagramm:

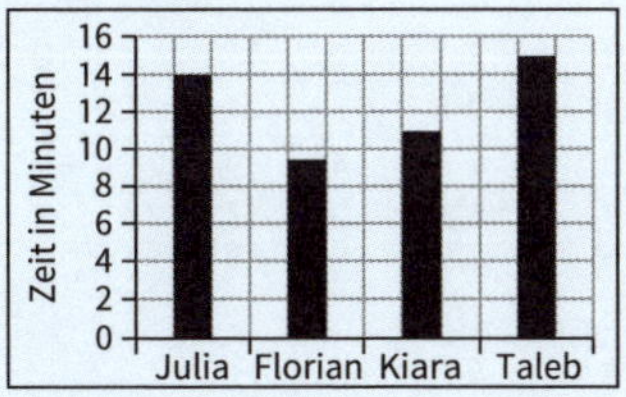

Seite 43

2. Daten

Jahr	2012	2014	2016	2018	2020
gesamt	1361	1742	2082	2187	971

Diagramm:

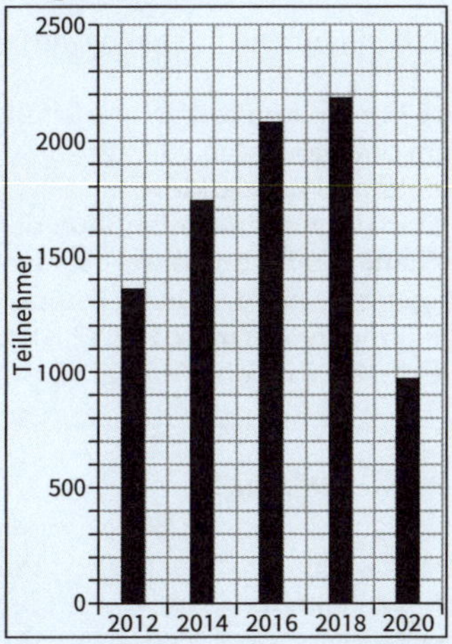

Noch mehr Übungen zum Umgang mit Skizzen und Diagrammen findest du im vierten Kapitel von *Fit fürs Gymnasium* ***Intensiv-Trainer Übergang 4 → 5 Mathematik*** (978-3-507-23272-3)

Kombinatorik und Wahrscheinlichkeit

Würfelsummen untersuchen

Seite 44

1. mögliche Summen: 2, 3, 4, 5, 6, 7, 8, 9, 10, 11, 12
2. Summe 3: 1/2
   Summe 4: 1/3; 2/2
   Summe 7: 1/6; 2/5; 3/4
   Summe 6: 1/5; 2/4; 3/3
   Summe 13: -
   Summe 10: 4/6; 5/5
   Summe 12: 6/6
   Summe 11: 5/6

Seite 45

3. Gesamtzahlen

	2	3	4	5	6	7
Lilo	0	2	4	6	6	6
Tim	2	2	3	7	5	10
Fritz	2	3	2	5	5	5
Anna	2	0	4	4	4	6
gesamt	6	7	13	25	20	27

	8	9	10	11	12
Lilo	4	6	4	0	2
Tim	3	2	5	0	1
Fritz	5	4	2	6	1
Anna	6	5	4	2	0
gesamt	18	17	15	8	4

Welche Summe wurde insgesamt am häufigsten gewürfelt: 7

Welche Summe hat Anna am häufigsten gewürfelt: 5

Welche Summe hat Tim am häufigsten gewürfelt: 7

Welche Summe kam am wenigsten vor: 12

Kannst du die Würfelergebnisse erklären:

Je mehr Möglichkeiten der Augenkombination der Würfel es für eine Summe gibt, desto wahrscheinlicher ist sie. Deswegen sind die 6, 7 und 8 wahrscheinlicher als die übrigen Summen. Die 12 ist so wahrscheinlich wie die 2. Es ist aber immer auch Zufall dabei.

4. Beim Würfeln mit zwei Würfeln

	richtig	falsch...
fällt die Summe 3 oft.	☐	☒
... hat die Summe 5 die kleinste Wahrscheinlichkeit.	☐	☒
... hat die Summe 7 die größte Wahrscheinlichkeit.	☒	☐
... ist die Summe 13 unmöglich.	☒	☐
... haben die Summen 2 und 12 die gleiche Wahrscheinlichkeit.	☒	☐

Kombinationsmöglichkeiten finden

Seite 46

1. Frage: Wie oft spielen die Kinder?

Antwort: Die Kinder spielen 6 Mal.

2. a) Rechnung: $4 \cdot 4 = 16$
   Antwort: Es gibt 16 verschiedene Kombinationsmöglichkeiten.
   b) Rechnung: Es fallen zwei Kombinationen weg.
   $4 + 4 + 2 + 4 = 14$
   Antwort: Es bleiben 14 Kombinationsmöglichkeiten übrig.

Seite 47

3. a) Man muss höchstens viermal ziehen, da es drei Kugeln gibt, die nicht rot sind.
   b) rot-rot-rot
   rot-rot-blau
   rot-rot-gelb
   rot-gelb-blau
   gelb-gelb-rot
   gelb-gelb-blau
   Es gibt 6 Farbkombinationen.
   c) Das hängt vom Zufall ab. Man weiß es nicht.
4. Verzweigungsbaum:

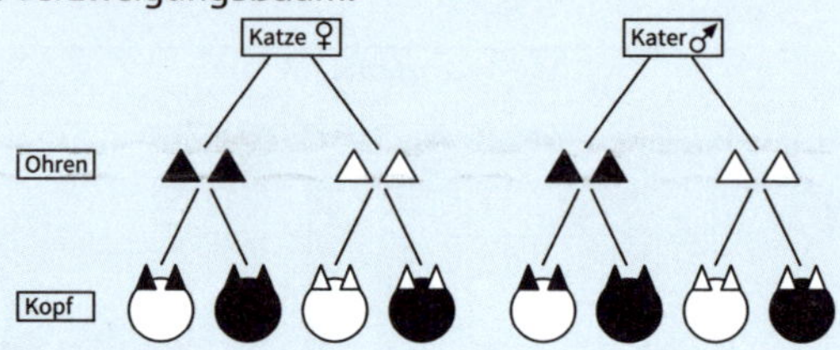

Knobelaufgaben

Seite 48

1. Frage: Wie viele Urenkelinnen hat Uroma Maus?
   Rechnung: $9 \cdot 9 = 81$ Enkelinnen
   $81 \cdot 3 = 243$ Urenkelinnen.
   Antwort: Uroma Maus hat 243 Urenkelinnen.
2. Rechnung/Überlegung:
   von links nach rechts können die Farben so angeordnet werden:
   gelb-rot-blau
   rot-gelb-blau
   blau-gelb-rot
   blau-rot-gelb
   gelb-blau-rot
   rot-blau-gelb
   Antwort: Es gibt 6 Möglichkeiten.

Seite 49

3. Rechnung/Überlegung:
   20 Tiere mit 2 Beinen (Hühner) hätten 40 Beine. Von den 54 Beinen müssen noch 14 Beine „verteilt" werden. Also haben 7 Tiere 4 Beine, sind damit Schafe.
   Antwort: Es sind 7 Schafe und 13 Hühner.
4. Rechnung/Überlegung:
   Es müssen noch 4 Ziffern bestimmt werden, da die Nummer ja mit „77" beginnt.
   Da alle ungeraden Zahlen mindestens einmal vorkommen, müssen die Ziffern 1, 3, 5, 9 auf die vier Plätze verteilt werden:
   77 1 _ _ _; 77 3 _ _ _; 77 5 _ _ _; 77 9 _ _ _:
   Für die 3. Stelle gibt es 4 Möglichkeiten.

77 13 _ _; 77 15 _ _; 77 19 _ _:
Wenn die 3. Stelle besetzt ist, gibt es für die 4. Stelle noch 3 Möglichkeiten.
77 13 59 ; 77 13 95:
Wenn die 3. und 4. Stelle besetzt sind, gibt es noch 2 Möglichkeiten.
Insgesamt gibt es also
4 · 3 · 2 · 1 = 24 Möglichkeiten.

Komplexe Sachaufgaben

Reisebüro Sonnenschein

Seite 50/51

Anfrage Familie Müller
Der Termin liegt teilweise (6 Nächte) in der Nebensaison und teilweise (4 Nächte) in der Hochsaison.

Preis Ferienwohnung für diese 10 Tage:
Die Familie kann Wohneinheit 2 oder 3 buchen.
Wohneinheit 2: 6 · 75 € + 4 · 105 € = 870 €
Wohneinheit 3: 6 · 75 € + 4 · 95 € = 830 €

Preis Zimmer für diese 10 Tage:
Ein Erwachsener: 6 · 25 € + 4 · 35 € = 290 €
Ein Kind: 6 · 15 € + 4 · 17 € = 158 €
insgesamt (zwei Erwachsene und zwei Kinder): 896 €

Freizeitangebote:
10 Reitstunden: 10 · 18 € = 180 €
4 Mal Hochseilgarten: 4 · 18 € = 72 €

Gesamtkosten mit Ferienwohnung:
870 € + 180 € + 72 € = 1122 € oder
830 € + 180 € + 72 € = 1082 €
Gesamtkosten mit Zimmer:
896 € + 180 € + 72 € = 1148 €

Antwort:
Liebe Familie Müller,
vielen Dank für Ihre Anfrage. Wir können Ihnen in dem von Ihnen angegebenen Zeitraum eine Ferienwohnung mit Balkon für insgesamt 870 € oder eine Ferienwohnung ohne Balkon für 830 € anbieten. Dies wäre billiger als die Übernachtung in Zimmern (896 €).
Das von Ihnen gewählte Freizeitangebot kostet insgesamt 252 €, sodass Sie im günstigsten Fall mit Gesamtkosten von 1082 € rechnen müssen.
Mit freundlichen Grüßen,
Ferienhof Sonnenschein

Anfrage Familie Klein
Der Termin liegt in der Hochsaison.

Preis Ferienwohnung:
Die Familie kann Wohneinheit 1 oder Wohneinheit 2 (wegen des Balkons) buchen.
Wohneinheit 1: 7 · 79 € = 553 €
Wohneinheit 2: 7 · 105 € = 735 €
Hier könnte die Familie auf dem Balkon frühstücken.

Preis Zimmer für drei Erwachsene (über 14):
7 · 3 · 35 € = 735 €

Preis Frühstück für drei Erwachsene:
7 · 3 · 8,50 € = 178,50 €

Preis Tennisplatz:
7 · 16 € = 112 €

Preis Ausritt (1 Stunde):
3 · 18 € = 54 €

Gesamtpreis mit Ferienwohnung:
Wohneinheit 1:
553 € + 178,50 € + 112 € + 54 € = 897,50 €
Wohneinheit 2: 735 € + 112 € + 54 € = 901 €
mit selbstgemachtem Frühstück auf dem Balkon.

Antwort:
Liebe Familie Klein,
vielen Dank für Ihre Anfrage. Wir können Ihnen für den von Ihnen angegebenen Zeitraum eine Ferienwohnung mit drei Betten ohne Balkon zum Preis von 553 € anbieten, eine Wohnung mit Balkon kostet 735 €. Möglich wäre auch eine Übernachtung in Zimmern für 735 €.
Das Frühstück draußen einnehmen können Sie entweder auf unserer Terrasse zum Preis von insgesamt 178,50 €, oder Sie buchen die Ferienwohnung mit Balkon und frühstücken dort. Mit einer Stunde Tennis pro Tag und einem Ausritt betragen die Gesamtkosten 897,50 € (Frühstück auf der Terrasse) oder 901 € mit selbstgemachtem Frühstück auf dem Balkon.
Mit freundlichen Grüßen,
Ferienhof Sonnenschein

Schulfest

Seite 52/53

Glücksrad
Vielfache von 4 auf dem Glücksrad: 28, 20, 40, 44
Vielfache von 7 auf dem Glücksrad: 28
Vielfache von 5 auf dem Glücksrad: 20; 40
Am wahrscheinlichsten ist es also, dass ein Vielfaches von 4 erscheint. Dafür sollte es dann den Preis geben, von dem es am meisten gibt, also einen Luftballon.
Mit der gleichen Überlegung sollten die Stifte gewonnen werden, wenn ein Vielfaches von 5 erscheint, die Jojos bei einem Vielfachen von 7.

Kuchenverkauf
- Aus einer runden Torte kann man 12 Stücke schneiden.
- Die Klasse hat 8 · 12 = 96 Kuchenstücke und ebenso 8 · 12 = 96 Muffins
- Wenn nicht alles verkauft wird, kann man den Rest am Schluss an die Helferinnen und Helfer verschenken.
- Wenn man für ein Stück Torte und ein Muffin gleich viel Geld nimmt und die 130 € erwirt-

schaften will, dann könnte das pro Stück weniger als ein 1 € sein, da wir mehr als 130 Stücke haben. Allerdings kann man für Torten mehr nehmen als für Muffin. Bei 1 € pro Tortenstück und 0,50 € pro Muffin könnte man 96 · 1 € + 96 · 0,50 € = 144 € einnehmen.

- Bei einem Preis von 1,50 € pro Tortenstück und 1 € pro Muffin könnten die Einnahmen 96 · 1,50 € + 96 · 1 € = 240 € betragen, der Gewinn also 240 € – 130 € = 110 €. Da nicht sicher ist, dass alle Stücke verkauft werden, die Kosten aber gedeckt werden müssen, ist es sicherer, 1 € pro Muffin und 1,50 € pro Tortenstück zu nehmen.

Hindernislauf
Fünf Runden entsprechen einem Kilometer.
Der Förderverein zahlt 3 € pro Kilometer.
Frage: Wie viele Runden müssen für 150 € gelaufen werden?
Rechnung: 150 € : 3 € = 50; 50 • 5 = 250
Antwort: Für 150 € müssen 50 km, also 250 Runden gelaufen werden.

Theaterstück
Annahme: Im Durchschnitt kommen pro Familie 3 Personen.
Rechnung: 3 · 80 = 240.
Antwort: Es werden wohl etwa 240 Personen kommen, also 120 pro Vorstellung.
Man benötigt etwa 120 Stühle. Wenn man vorbereitet sein will, dass die Familien sich nicht ganz gleichmäßig auf die beiden Vorstellungen verteilen, dann besser 150.
Stühle pro Klasse: 25
4 · 4 · 25 = 400
Die Stühle reichen.

Kirmes

Seite 54/55

Die Lösung dieser Aufgabe ist individuell – es können sehr unterschiedliche Fragen gestellt und beantwortet werden.
Beispiele hierfür sind:
Frage: Wie viel kostet es, wenn man dreimal mit der wilden Maus fahren und eine Zuckerwatte essen möchte?
Rechnung: 3 · 3 € + 3 € = 12 €
3 · 3 € + 2 € = 11 €
Antwort:
Mit einer großen Zuckerwatte muss man hierfür 12 € zahlen, für 11 € bekommt man drei Fahrten und eine kleine Zuckerwatte.

Frage: Wie groß sind die Gewinnchancen, wenn man 10 Lose kauft?
Rechnung: Wenn jedes 3. Los gewinnt, dann sind unter 10 Losen durchschnittlich 3 bis 4 Gewinnlose. Wie viele Gewinne man tatsächlich zieht, hängt aber vom Zufall ab.

Frage: Wie lange müssen die Freunde noch auf Felix warten, wenn es schon viertel nach drei ist und der Bus sich um 20 Minuten verspätet?
Rechnung: Felix wollt um 15:00 Uhr da sein, 20 Minuten Verspätung bedeutet also 15:20 Uhr. Jetzt ist es 15:15 Uhr, also 5 Minuten davor.
Antwort: Die Freunde müssen noch 5 Minuten warten.

Frage: Wie viel Zeit haben die Freunde zusammen, wenn zwei um 18:15 Uhr abgeholt werden?
Rechnung: Alle zusammen starten um 15:20 Uhr.
15:20 Uhr $\xrightarrow{+2\text{ h }55\text{ min}}$ 18:15 Uhr
Antwort: Alle Kinder zusammen haben 2 Stunden und 55 Minuten Zeit auf der Kirmes, also knapp 3 Stunden.

Frage: Wie viel spart man an der Wilden Maus und beim Autoscooter, wenn man zu fünft ein Fünf-Fahrten-Ticket kauft gegenüber dem Einzelpreis?
Wilde Maus:
12 € : 5 = 2,40 €; 3 € – 2,40 € = 0,60 €
Autoscooter:
6 € = 5 = 1,20 €; 1,50 € – 1,20 € = 0,30 €
Bei der Wilden Maus spart jeder 0,60 € pro Fahrt, beim Autoscooter 0,30 €.

Frage: Wie viel kostet es, Wilde Maus und Riesenrad zu fahren und Zuckerwatte zu kaufen? Wie viel bleibt von 15 € dann noch übrig?
Rechnung: Große Zuckerwatte:
3 € + 3,50 € + 3 € = 9,50 €
15 € – 9,50 € = 5,50 €
Kleine Zuckerwatte:
3 € + 3,50 € + 2 € = 8,50 €
15 € – 8,50 € = 6,50 €
Antwort: Wenn man eine große Zuckerwatte kauft, bleiben 5,50 € übrig, bei einer kleinen 6,50 €.

Frage: Wie viel Geld muss man ausgeben, um beim Dosenwerfen dreimal abzuräumen und den Dino zu gewinnen?
Rechnung: 5 Mal 3 Würfe kosten 3 €.
Wenn man gut wirft, kann man mit den 5 Versuchen dreimal abräumen. Dann genügen 3 €.

Frage: Wie hoch ist das Riesenrad eigentlich?
Rechnung: Man kann die Höhe mit dem Durchgang abschätzen. Der Durchgang ist laut dem Schild 1,70 m hoch. Mit dem Lineal kannst du die Höhe des Riesenrades messen. Im Bild ist das Riesenrad etwa 12 Mal so hoch wie der Durchgang.
12 · 1,70 m = 20,4 m
Antwort: Das Riesenrad ist etwa 20 m hoch.